JOURNAL DE GUERRE

Chronique de Sarajevo assiégée

Zlatko Dizdarević

JOURNAL DE GUERRE

Chronique de Sarajevo assiégée

Traduit du serbo-croate par Sasa Sirovec
Relecture de François Lo Jacomo

1993
SPENGLER
91, boulevard Saint-Germain
75006 Paris

ISBN 2-909997-02-2
Imprimé en France

Préface

Quand la guerre déborde sur tous les fronts, quand la violence finit par s'auto-alimenter, quand l'arrogance des vainqueurs rajoute encore à l'humiliation des vaincus, apparaissent des hommes, des femmes qui résistent. Comme résistent ces médecins et infirmiers rencontrés sur tous les théâtres de guerre qui, envers et contre tout, malgré les dangers et la pénurie, restent à leur poste quand tous les autres s'en vont : c'est auprès d'eux, chirurgiens bosniaques ou libériens, sages-femmes somaliennes, médecins cambodgiens, sri-lankais ou afghans que travaillent les équipes humanitaires venues sur place pour quelques mois.

Zlatko Dizdarevic et les journalistes d'*Oslobodenje* sont de ces hommes-là, de ceux qui ne plient pas sous le joug de la guerre, refusant que la vérité puisse être un « terrain occupé », que la haine propagandiste se substitue à l'information libre. « Dans ce journal, écrit avec superbe Zlatko après l'incendie de l'immeuble qui l'abritait, il y aura toujours tout ce qui suscite la haine des idiots, et plus rien de ce qu'ils peuvent détruire ». Le bâtiment, « blessé et ensanglanté, mais debout », symbolise la Bosnie où l'on apprend à collecter l'eau de pluie, à économiser les piles pour écouter les bulletins d'information, à récupérer les phares et les batteries des voitures éventrées, à identifier les projectiles et à évaluer leur zone d'impact. Il est l'emblème de cette Bosnie métissée où l'on retrouve aussi, nous dit-il, le plaisir de chanter ensemble.

Ce qui fait le prix de ce « Journal de guerre », c'est l'émotion et la lucidité qui le parcourent de bout en bout, c'est le cheminement d'un homme sans complaisance qui découvre, par-delà les illusions et les amitiés brisées par la guerre, « les gens de bien éparpillés dans la cohorte des idiots ». C'est la tranquille profession de foi d'un homme, d'une équipe, qui résistent aux sollicitations de la haine communautaire, au vertige de la violence ethnique. Mais c'est aussi, et peut-être surtout, la mise à jour de la forme la plus achevée de l'indifférence ou du renoncement : le cynisme humanitaire, ou la politique des bons sentiments, qui justement nous dispense de sentiments en leur substituant de fugitives émotions rapidement enfouies sous un amoncellement d'images apaisantes. Ces visions panoramiques de convois blindés, bannière au vent sur fond de ruines calcinées, ces plans d'avions vidant leurs flancs des denrées vitales dont l'Europe les a chargées prolongent les commentaires assurés de nos experts sur les haines séculaires, les antagonismes historiques jetant les uns contre les autres des peuples dont l'Histoire serait démesurée par rapport à leur Géographie. Les sarcasmes dont Zlatko Dizdarevic accable les (casques) Bleus et leurs « boîtes de conserves blanches » sont sans doute très durs pour ceux qui risquent leur vie et que son indignation englobe dans une même lâcheté collective. Comment ne pas la partager, pourtant, à lire la description du bombardement du siège de son journal tandis que les pompiers, bloqués par cette pluie d'artillerie, ne pouvaient que contempler le désastre à quelques dizaines de mètres de ces « bleus » demeurés l'arme au pied et le regard perdu ? Comment ne pas la partager, lorsqu'agresseur et agressé sont renvoyés à égalité de responsabilité en tant que « parties au conflit », lorsque sont rejetés dos à dos dans une réprobation symétrique, l'acharnement mis à attaquer et celui mis à résister ? Et comment ignorer que dans ces conditions, les Bosniaques recevront l'aide humanitaire non comme un moyen de survie mais comme une incitation à se mettre à genoux et à admettre « la vanité de toute résistance » ?

A quoi bon transporter à prix d'or ces sacs de farine et ces boîtes de thon, se demande Zlatko en juillet 1992, tandis que pourrissent les récoltes tout autour de la ville « à cause de quelques centaines de types barbus postés derrière des barricades » ? La réponse est simple. Cette parade des avions et des biscuits, cet aménagement du blocus qui ne subvient, on doit le souligner, qu'à une partie infime des besoins vitaux de la population assiégée, est le code par lequel les gouvernements européens expriment leur position : « quand ils seront épuisés, ils parleront ». C'est, là encore, tenir artificiellement la balance égale entre « les parties » en oubliant commodément que l'épuisement épargne les assiégeants pour atteindre presque exclusivement les assiégés.

Les objectifs que poursuivent les nationalistes serbes sont clairs : conquérir et, par tous les moyens, vider de leur population non serbe ce qu'ils estiment être leur espace vital, soit les 2/3 de la Bosnie. Ce programme de « nettoyage ethnique » ne repose pas sur une stratégie d'extermination, mais sur une psychose de la terreur. Entretenant au sein de leur propre population le fantasme d'une conspiration internationale anti-serbe, les nationalistes retournent contre Musulmans et Croates cette « menace » dont ils font le moteur d'une guerre impitoyable où tous les moyens sont explicitement autorisés, voire encouragés : arrestation et déportation ou massacre de villages entiers, viols systématiques, pilonnage délibéré d'objectifs...

A cette stratégie de conquête territoriale et d'hégémonie raciale, l'Europe a répondu par un activisme humanitaire dont la logique est précisément d'accompagner le processus de terreur, et nullement de l'entraver. Les Bosniaques espéraient la justice, ils n'ont eu droit qu'à la charité. A l'évidence indispensable, cette aide est devenue, en l'absence de toute autre forme de réaction, un acquiescement implicite à la stratégie de « purification ethnique ».

Un certain ordre des choses qu'il convenait de respecter, nous dit Zlatko Dizdarevic, est mort à Sarajevo. Cet enterrement, poursuit-il, est l'un des plus tristes de la planète depuis des décennies, non par le nombre des victimes, mais par la quantité d'idéaux ensevelis.

Cette oraison funèbre pèche par excès de pessimisme. L'esprit de résistance qui semble avoir déserté notre vieux continent, a retrouvé une capitale, Sarajevo, et un visage, celui de Zlatko Dizdarevic.

Rony BRAUMAN
Président des Médecins Sans Frontières

LA YOUGOSLAVIE AVANT LE CONFLIT

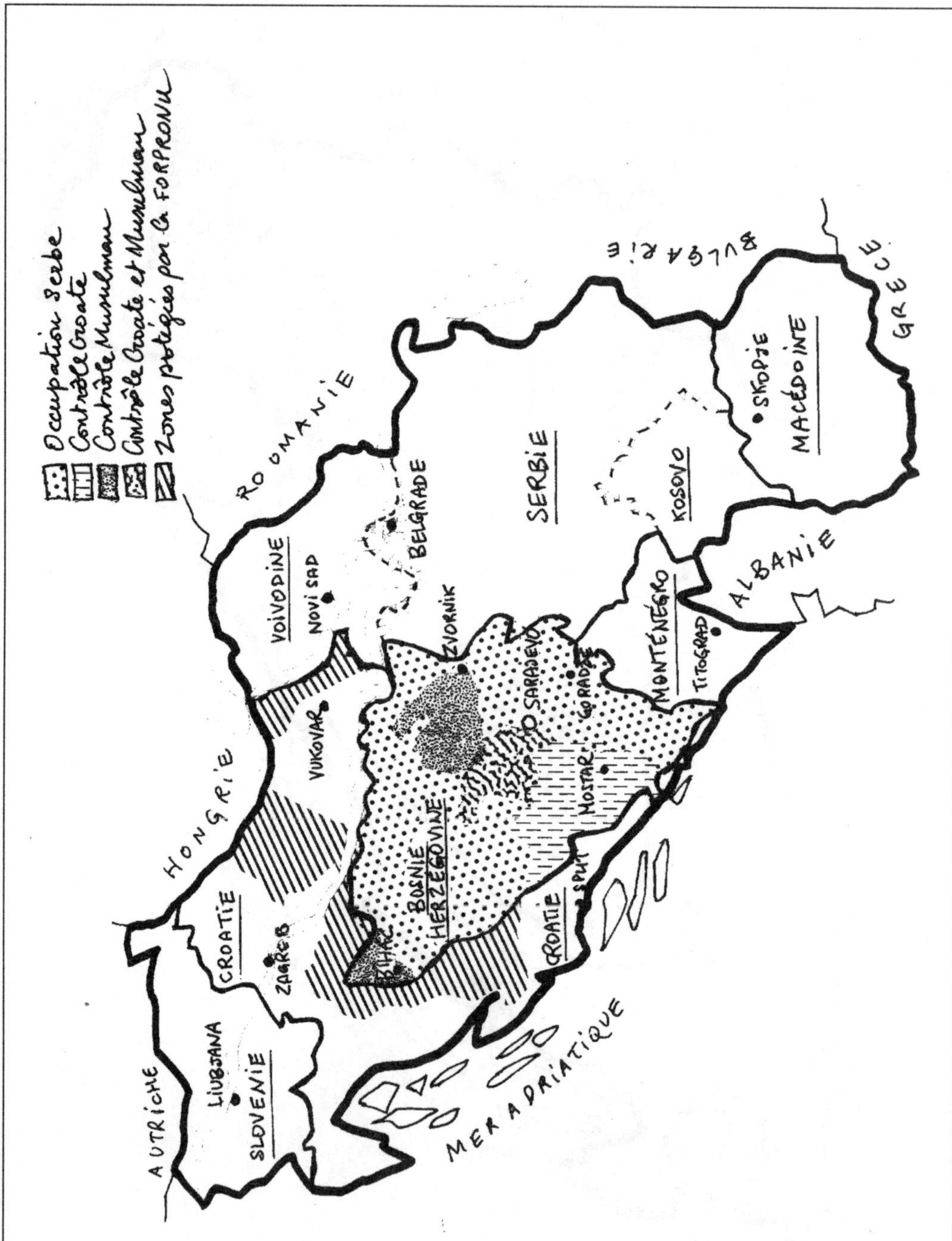

LES ZONES DE CONFLITS DANS L'EX-YOUGOSLAVIE

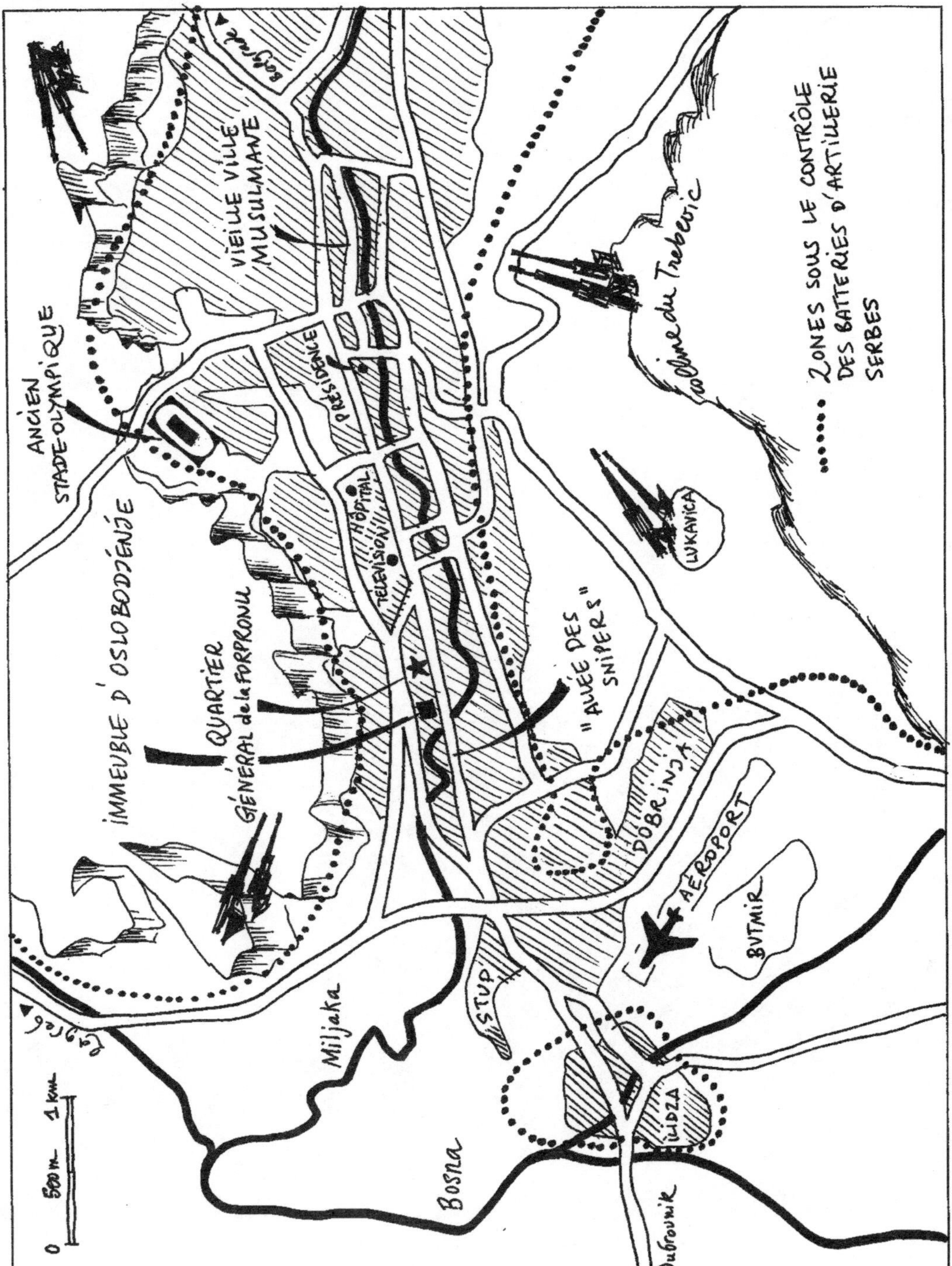

SARAJEVO DANS LA TENAILLE SERBE

25 avril 1992

La roulette bosniaque

Aujourd'hui, une nouvelle est arrivée à la rédaction d'*Oslobodenje* [1] de Sarajevo. Nouvelle que redoutaient les journalistes depuis déjà deux semaines : leur collègue de Zvornik, Kjasif Smajlovic, ne figure plus parmi les disparus. Malheureusement, il est désormais certain qu'on l'a assassiné sournoisement sur le seuil de l'agence d'*Oslobodenje* de Zvornik, le 9 avril, lorsque les « territoriaux serbes » et leurs différents collaborateurs ont « libéré » Zvornik. Ceux qui ont enterré Kjasif disent qu'il a été traîné par les pieds depuis le bureau où il tentait d'envoyer à la rédaction un reportage sur le début des crimes pour être ensuite froidement abattu sur le bitume.

Parmi les centaines, voire les milliers d'assassinats commis dans la Bosnie-Herzégovine « libérée », la mort d'un journaliste n'est peut-être rien de plus que toute autre mort. Il existe néanmoins une petite différence qu'il convient de signaler, particulièrement aujourd'hui : les

1. Le premier quotidien de Bosnie-Herzégovine.

crimes commis en Bosnie-Herzégovine et à Sarajevo, qu'il s'agisse d'assassinats ou d'autres crimes, sont dignes de la phrase prononcée récemment à la télévision par un de nos journalistes, qui fut à une époque notre envoyé spécial au Liban : « Toute comparaison entre notre situation d'aujourd'hui et celle du Liban il y a une dizaine d'années ne peut être qu'une offense aux Libanais. » Jamais personne là-bas n'a tué un journaliste pour la seule raison qu'il était journaliste et qu'il transmettait à sa rédaction ce qu'il voyait de ses propres yeux. Là-bas, personne ne tirait délibérément sur la voiture de la Croix-Rouge, et jamais on n'a tué un médecin qui tentait de secourir un blessé. On n'a pas kidnappé au Liban trois autobus avec deux cents enfants qui essayaient, avec l'Organisation de l'ambassade des enfants, de sortir de ce cercle sanglant ravagé par les chars et les canons de l'armée.

Mais à Sarajevo, tout cela s'est produit pendant les trente dernières heures. Nous avons appris qu'on nous a tué un copain, de la manière la plus brutale qui soit, uniquement parce qu'il était notre confrère. On a tué un aide soignant pendant qu'il essayait de traverser la ville pour atteindre l'homme dont la vie dépendait de son intervention. Pendant des heures, on a marchandé l'échange des enfants et des quelques médecins qui les accompagnaient contre sept terroristes d'Ilidza, et l'échange a finalement eu lieu. Peut-être considère-t-on qu'il est normal et naturel que soient en liberté simultanément des enfants effrayés, affolés par les bombardements, amenés à se sauver de l'enfer, et les sept criminels qui ont envoyé sur ces mêmes enfants et leurs parents une pluie d'obus.

Il a fait très beau et grand soleil, aujourd'hui, à Sarajevo. Au cœur de la ville, dans l'artère principale, par moments, tout rappelle le bon vieux temps. Les rares tirs qui retentissent au loin ne peuvent pas effacer cette petite joie que suscitent les promenades printanières. En revanche, les quartiers de la ville où, depuis déjà trois jours, il n'y a ni électricité, ni eau, ni pain, et d'où on ne peut pas sortir car les *tchetniks* [1], les terroristes et les chars ne le permettent pas, devraient s'estimer heureux d'exister encore : c'est peut-être ainsi que raisonnent ceux qui veillent sur leur « liberté ». Certaines personnes de là-bas, qui ne tiennent pas à cette sorte de liberté, même au prix de leur vie, retroussent leurs pantalons et traversent à gué la rivière Zeljeznica, en essayant d'atteindre l'autre partie de la ville. Ceux qui contrôlent ce passage depuis les collines environnantes décident au hasard qui passera et sur qui ils tireront : la roulette bosniaque au soleil printanier.

Les personnes bien informées disent que de longues colonnes militaires quittent Sarajevo depuis hier soir. Il y a des rumeurs que l'armée s'en va, définitivement. Mais en ce moment, le plus important est de savoir que faire de ceux qui restent et qui sont capables de tirer sur l'ambulance, de kidnapper les enfants et de traîner les journalistes par les pieds dans la rue avant de les assassiner.

Car il ne faudrait pas offenser les Libanais.

---

1. En Bosnie-Herzégovine et en Croatie, ce nom désigne aujourd'hui tous les combattants nationalistes serbes.

1er mai 1992

Lorsque les libérateurs occupent la vérité

La guerre en Bosnie-Herzégovine est telle qu'elle est : impitoyable, cruelle et sauvage. Très souvent, elle manque d'objectifs rationnels, si ce n'est l'objectif fondamental et général : conquérir un maximum de territoire pour l'annexer au nouvel Etat de l'autre côté de la Drina. Outre ce à quoi on peut s'attendre dans tout conflit armé de par le monde, les caractéristiques essentielles que cet enfer bosniaque restera dans toutes les mémoires, ce sont les actes sauvages et barbares, répertoriés et classifiés dans une multitude de ces documents internationaux, conventions et déclarations par lesquels le monde tente de se protéger contre ce qui est reconnu partout comme un mal absolu.

Un des crimes de ce genre – la tentative de saisir par les armes les relais de la radio, de la télévision et des PTT – se produit précisément au moment où l'on écrit ces lignes. Jeudi soir, l'armée qui se veut encore yougoslave et populaire, aidée par des terroristes serbes amenés de Krajina, est partie vers le relais de télévision du mont Vlasic, au dessus de Travnik. Son intention évidente était de faire ce qu'elle a déjà accompli pour plus de la moitié des relais de Bosnie-Herzégovine : enlever l'équipement, chasser l'équipe régulière de TV Sarajevo, amener des « libérateurs » et orienter les antennes vers les émetteurs de TV Serbie. Ce qui revient donc à occuper la vérité et à offrir au peuple, en contrepartie, les mensonges monstrueux des « libérateurs ».

La bataille pour Vlasic, cependant, ne sera pas aussi facile et indolore que celles qui ont eu lieu pour les relais des monts Kozara, Pljesevica, Velez et bien d'autres. Les prés et les pâturages de Vlasic, hier encore réputés pour le tourisme et le fromage de Travnik, peuvent devenir dès aujourd'hui un lieu clé du dénouement, en ce qui concerne le destin de l'armée « yougoslave » en Bosnie-Herzégovine. Il semblerait que les forces bosniaques qui défendent Travnik et ses environs figurent parmi les unités de défense les plus fortes et les mieux organisées de toute la république de Bosnie-Herzégovine. La décision de les provoquer de pareille manière fait partie de ces visions insensées de la junte militaire de Belgrade, qui révèlent de manière limpide toute l'inutilité de négocier avec eux.

Si donc, dans le cas du relais de télévision de Vlasic, la solution militaire l'emporte sur la raison ou la peur de l'Europe, une question se pose : l'ultimatum de l'armée « yougoslave » à une poignée de techniciens leur demandant de quitter l'installation signifie-t-il que cette armée se lance consciemment dans un affrontement grave sur Vlasic et, évidemment, sur un territoire plus large ? Ou bien s'agit-il de nouveau d'une évaluation primaire et sauvage autorisant que l'on prenne par la force, dans cette région, tout ce qui n'est autorisé nulle part ailleurs dans le monde ? On peut tirer sur des infirmiers, enlever des enfants, « arrêter » des agglomérations entières, se saisir de l'aide humanitaire internationale et, qui plus est, orienter différemment les émetteurs de télévision.

Il ne fait aucun doute que les téléspectateurs des programmes diffusés par ces émetteurs « apprendront » aujourd'hui et demain que l'armée a « subi une attaque sournoise des forces de défense croates (HOS) et des bérets verts (les musulmans) » sur Vlasic et qu'elle « a dû riposter violemment par tous les moyens à sa disposition... ». Evidemment, après tout cela, ni les observateurs européens ni la FORPRONU ne seront autorisés, pendant des semaines, à mettre le pied là-bas, ni à aucun autre endroit de Bosnie-Herzégovine où l'on a « violemment répondu aux provocations », puis tué « les agresseurs » selon la vieille recette expérimentée en Croatie, pour les emporter dans des camions frigorifiques quelque part où l'on perdra leur trace. « Les libérateurs » négligent cependant un fait incontournable : la vérité ne réside pas dans l'émetteur.

8 mai 1992

Cette putain de politique !

A Sarajevo, une fillette de trois ans a été touchée, devant sa maison, par une balle de *sniper* [1]. Affolé, son père l'a portée à l'hôpital, ensanglantée, entre la vie et la mort, et c'est seulement après l'avoir confiée aux médecins que ce grand lourdaud a fondu en larmes. La caméra de télévision a enregistré ses paroles, dont chacune aurait sa place dans une anthologie de l'humanisme, de l'impuissance et du pardon poussé à l'extrême. Il ne s'agissait pas tant de pardonner au criminel qui a tiré sur une fillette de trois ans que de pardonner aux bêtes fauves d'être des bêtes fauves, d'être submergées par le mal qui échappe à toute volonté humaine. J'en tirerai deux phrases, suscitant une réflexion qui ne peut s'achever ni aujourd'hui ni demain. Dans la première, le malheureux père invite l'assassin inconnu à *prendre un café avec lui pour lui dire d'homme à homme ce qui lui a pris de faire cela* . Dans la seconde, supposant

1. *Sniper* (angl.) : tireur d'élite embusqué.

qu'aucune *réponse humaine* n'a été obtenue à la première, il dit : « Un jour, ses larmes le trouveront... »

Visiblement, ce peuple est perdu. Jamais il n'aura droit à la justice et au bonheur, jamais il ne sera capable de reconnaître dans un bourreau un bourreau, dans un assassin un assassin, dans un criminel un criminel. Si le tir le plus barbare qui puisse exister dans cette guerre, le tir d'un *sniper* sur une fillette de trois ans devant chez elle, n'est pas suffisant pour communiquer autrement qu'autour d'un café et avec l'espoir que le pardon existe, alors la Bosnie-Herzégovine n'a vraiment plus beaucoup de chances de survivre.

Lorsque Marrack Goulding, cet Américain policé, arrive ici en tant que haut fonctionnaire des Nations unies, lorsqu'il voit tout ce qui s'y est produit, entend ce qui se passe à Mostar, subit le mauvais traitement des *tchetniks* orthodoxes de Pale, lorsqu'un *sniper* lui tire dessus pendant qu'il rend hommage aux blessures du vieux quartier de Bascarsija, et lorsque, après tout cela, il déclare qu'ici, « la responsabilité est partagée », nous devons nous rendre compte qu'il s'agit là de cette putain de politique et non d'une vérité discernable à nos yeux. Ici, personne ne sait encore quelle est cette politique qu'il mène avec ses supérieurs, de quelles horribles affaires il s'agit, ce qu'ils ont promis aux Allemands et inversement. Dans tout ce jeu, Milosevic [1] et la Bosnie ne sont qu'un petit pourboire, mais un pourboire pour qui ? Lorsque le père d'une fillette touchée par un *sniper*, complètement brisé par la douleur, invite l'assassin à prendre un café pour lui transmettre son message, il ne nous reste qu'à nous rappeler l'appel biblique : « Pardonne-leur, car ils ne savent pas ce qu'ils

1. Président de la Serbie.

font. » Mais ne soyons pas naïfs : le problème, c'est qu'ici on sait très bien ce qu'ils font. Tout comme monsieur Goulding sait qu'on le sait.

Où est alors notre chance pour l'avenir ? Dans le pardon ? Faut-il fermer les yeux devant les balles des criminels qui prennent plaisir à tuer des enfants ? Faut-il attendre l'issue des pourparlers entre messieurs Karadzic et Boras [1] qui, à ce qu'on dit, ont trouvé un accord en vue d'une sécession pacifique de l'Herzégovine croate ? Au nom de qui, de quel droit, et au nom de quoi ? Qui sont en réalité ces « messieurs » ? L'un est un terroriste, un criminel international, selon tous les critères d'Interpol. L'autre, un petit retraité qui pense que par ses sales petites trahisons on peut acheter le pardon de l'histoire. Négocier avec le chef des *snipers* qui tirent sur des enfants et avec les commanditaires des criminels qui détruisent Mostar, Sarajevo, etc. est en soi un acte criminel. En un mot, on ne trouvera pas l'issue de ce délire dans la maison de fous où patients et malades ont tous perdu la raison. L'accord Karadzic-Boras pourrait être valable si l'affaire des *snipers* tirant sur une fillette de trois ans pouvait véritablement se régler autour d'un café avec du rahat-loukoum. Comme cela ne se peut pas et ne se pourra jamais, il reste cette seconde phrase où le père malheureux de cette enfant encore plus malheureuse a mille fois raison : « Ses larmes le trouveront... » Pourquoi ? Simplement parce que ses larmes viennent de cet autre monde, d'un monde normal où la souffrance, la douleur et les peines humaines ont un sens, un sens qui ne peut être anéanti par les actes insignifiants de déments, de criminels, de terroristes et de petits pickpockets politiques.

---

1. Un des leaders du parti HDZ (Communauté démocratique croate) d'Herzégovine.

10 mai 1992

Partir ou rester

A Sarajevo, qui est continuellement sous une pluie d'obus, trois indices permettent, au petit matin, de deviner ce que seront les premières heures de la journée. Le plus important, c'est évidemment le bruit de la guerre. S'il se limite à quelques rafales sèches et à leur écho contre les montagnes environnantes, le tout pimenté de quelques explosions et détonations, rien à signaler : il y aura quelques cicatrices de plus dans la vieille ville, quelques nouveaux soucis pour trouver une ambulance, mais la quantité de souffrances est telle que cela devient une habitude.

Le deuxième indice, c'est l'image des alentours de la maison de la radio qu'envoie aux écrans de télévision la caméra fixe installée sur le toit de l'immeuble, lequel se transforme, d'heure en heure, lentement mais sûrement, en une énorme passoire de béton. Cette image couvre un demi-kilomètre de rue à droite et à gauche de l'immeuble. Si en l'espace d'une ou deux minutes plus de cinq personnes traversent le champ de la caméra, c'est bon signe. Toute voiture qui file comme un éclair d'un bout à l'autre de l'écran annonce une matinée tout à fait agréable.

Le troisième indice, le plus important, c'est ce qu'on voit dans les rues de sa propre fenêtre. Cette guerre ne sera jamais perdue tant que les mères et les femmes sortiront à la recherche d'un morceau de pain, d'une botte d'orties ou, si elles ont beaucoup de chance, de quelques boîtes de conserve. Juste derrière elles, les enfants descendent dans les cours en dépit des incessants appels à rentrer à la maison. Puis les habitués des cafés montrent leur nez, ceux qui dans chaque quartier représentent aujourd'hui la collectivité locale de manière plus belle et plus chaleureuse que ce que nous connaissions auparavant. La journée peut alors commencer, et c'est aux *tchetniks* et aux autres terroristes de voir ce qu'ils vont faire d'une pareille journée.

Nos petites histoires intimes, dans ce quotidien que nous vivons, c'est-à-dire quand nous ne sommes pas obligés de chercher comment sauver notre peau, se résument à quelques conversations sur les gens qui sont ici et sur ceux qui ne sont plus parmi nous pour telle ou telle raison. Sur ceux qui sont ici, nous apprenons subitement beaucoup plus que nous n'en avions jamais su. Nous découvrons des histoires qui ne suscitaient pendant des années qu'un hochement de tête. Nous identifions d'une manière nouvelle les problèmes de notre propre passé, nous nous apercevons de la fausseté de certaines amitiés autant que du besoin de revenir à d'autres qui nous apparaissent, ici et aujourd'hui, sous un nouveau jour. Dans ce monde, qui se compose en tout et pour tout d'une rue sans communication téléphonique, sans liberté, on mesure d'une manière étrange la seule chose essentielle – l'(in)humanité ; et c'est dans cette optique qu'on aborde la question : qui est parti, pourquoi et où, qui est resté simplement parce qu'il ne voulait pas partir ? On parle de ceux qui n'ont pas pu partir en disant, aujourd'hui, qu'ils ne l'ont pas voulu. C'est correct.

Quant à ceux qui ne sont plus ici, alors qu'ils faisaient partie intégrante de Sarajevo, qu'ils juraient par Sarajevo, qu'ils ont obtenu de Sarajevo tout ce qu'il était possible d'avoir, avant d'embarquer secrètement dans des avions militaires – Dieu sait lesquels –, c'est une autre histoire, et on en parle sans beaucoup de nuances. Certes, il ne s'agit pas des transfuges qui se sont enfuis à Pale, d'où Sarajevo est bombardée jour et nuit : ceux-ci ne sont pas comptés parmi les hommes, ce sont des animaux. Il s'agit de directeurs et de journalistes, de chanteurs et de musiciens, de comédiens et d'hommes politiques, de réalisateurs et de stars de réputation mondiale. Il semble que certains parmi eux n'ont pas la conscience tranquille : de temps à autre, ils essaient de nous dire, de loin, qu'ils vont mal et qu'ils souffrent à cause de nous. Certains ne disent rien. Et certains n'ont, de toute manière, rien à dire.

D'ailleurs, il est difficile de juger d'ici des motivations dont la peur est peut-être la plus humaine. Comment reprocher à qui que ce soit de s'être enfui du grand camp de concentration que devient progressivement Sarajevo ? Ce qui fait de la peine, c'est qu'il y en a beaucoup qui savaient ce qui allait se produire et qui sont partis sans penser à en avertir des amis ayant des enfants en bas âge. Mais la vie remettra tout à sa place le moment venu.

Dans l'attente de ce moment, il nous reste la joie matinale du fait qu'on ne tire pas trop, que les femmes et les mères sortent silencieusement en quête d'un morceau de vie prolongée, la joie de voir, dans notre téléviseur, jusqu'à cinq voitures et douze personnes traverser l'écran en l'espace d'une minute. La réunion de la « collectivité locale » ne sera pas mauvaise, en dépit d'une dizaine de tirs des *snipers* habituels, qui nous contraindront à changer de chaise.

Que ceux qui ne sont pas ici ne s'inquiètent pas en croyant qu'on les a oubliés. Nous parlons beaucoup d'eux et nous pensons à eux. Nous sommes enchantés qu'ils aient du bon temps. Quand nous aurons libéré Sarajevo, nous vivrons de nouveau tous ensemble, nous connaissant...

16 mai 1992

Mauvaise nouvelle

Il s'est produit hier ce que redoutaient les habitants de Sarajevo : ici, un nouveau cessez-le-feu a été signé, et à New York, les messieurs du Conseil de sécurité ont adopté une résolution de plus nous concernant. Celle-ci porte un nouveau numéro et, semble-t-il, on y menace du petit doigt la Serbie et l'armée.

A ce sujet, un diplomate anglais a déclaré deux choses amusantes. *Primo :* « Ceux qui ne respectent pas les résolutions des Nations unies en assumeront toute la responsabilité. » *Secundo :* « On peut difficilement faire quelque chose ici, car il s'agit d'un "conflit ethnique". »

Le résultat de tout cela est qu'une nouvelle attaque sanglante a été lancée contre la ville, hier soir. De la tour d'*Oslobodenje* j'ai vu des milliers de balles traçantes pleuvoir sur Sarajevo. Selon les déclarations de cet Anglais faites à New York, les balles qui atterrissent dans nos appartements et sur nos toits savent qui est qui dans ce « conflit ethnique »...

Tôt ce matin, de la fenêtre de notre salle de rédaction, nous avons suivi le départ d'une longue file de camions de l'ONU. Dans le silence, pour ne pas dire honteusement et la tête basse, partaient les camions, les véhicules de combat et les transporteurs blancs. Il leur a fallu toute une nuit pour constituer ce cortège devant l'immeuble qu'ils avaient habité et affectueusement nommé « hôtel Arc-en-ciel ». A l'aube, les véhicules ont démarré. Ce fut le coup de grâce porté à tous nos espoirs, à notre hospitalité, à nos craintes pour leurs vies. Psychologiquement, ils représentaient une garantie pour notre sauvegarde. Depuis longtemps nous ne nous sommes pas sentis aussi misérables, aussi trahis et abandonnés que lorsque cette file de véhicules blancs s'est désengagée de notre peine.

A ce moment précis, les tueurs postés sur les collines alentour ont ouvert le feu sur la ville : c'était leur manière d'exprimer leurs sentiments à l'occasion du départ des casques bleus. Leur joie était sans bornes, puisqu'ils venaient de remporter une grande bataille psychologique.

Nous nous sommes retrouvés contrariés, seuls avec notre chagrin. Mais une idée a fini par s'imposer : tant pis si nous sommes seuls, si les « étrangers » sont impuissants face à ce qui se passe chez nous. La grande illusion s'est dissipée. Nous savons maintenant que l'homme doit tracer seul son chemin et remporter la lutte pour la vie. Il ne peut subsister que grâce à ses propres forces, et n'est jamais redevable à ceux qui ne le méritent pas.

A partir d'aujourd'hui, la ville commence à mourir d'une nouvelle manière, la plus dure de toutes : l'eau et l'électricité manquent dans la plupart des quartiers. Ceux qui s'y connaissent disent que les pénuries ne font que commencer. Dans les hôpitaux, on ne peut plus opérer dans des conditions normales ni faire une transfusion sanguine.

Ce matin, un homme raconte : « De ma fenêtre, j'ai assisté à une scène déchirante. Mon voisin est tombé sous une balle de *sniper*. Pendant plusieurs jours, on a essayé en vain de le transporter dans un cimetière. Finalement, il a fallu l'enterrer devant l'entrée d'un immeuble au centreville. Ses amis ont fabriqué un cercueil avec le bois de la table de cuisine et d'un placard. Ils ont réussi à l'enterrer sous le feu des *snipers*... »

Les messieurs de New York savent-ils que cela a lieu après leurs résolutions et après la signature des cessez-le-feu ? Savent-ils qu'on raconte ici des blagues à leur sujet ? C'est bien, tout n'est donc pas fini. Nous continuons. Si seulement pendant quelques jours il n'y avait plus de résolutions ni de cessez-le-feu, la situation n'en serait que meilleure.

17 mai 1992

L'enfance de Lana

Avant que je ne commence à écrire, la journée était calme à Sarajevo. Aussi paisible qu'il est possible, si l'on admet que les tirs de *snipers* isolés et quelques brèves rafales saccadées de mitraillettes légères ou lourdes sont insignifiants. Cependant, la paix prend ici l'aspect d'un tourment autrement grave. Sur les cendres de la ville, dans des ruines que nous ne pouvions pas imaginer, surgissent des histoires qui chassent le sommeil mieux que les obus et les détonations. Que deviendrons-nous tous demain ? Qu'adviendra-t-il de cette ville et de cet Etat ? Comment vivra-t-on dans ce qui fut jadis Mostar ou Sarajevo ? Comment sera la nouvelle vie, s'il y en a une ?

Les criminels ont déjà détruit la moitié de la ville. Peut-être un peu moins, peut-être un peu plus. En fait, on a rasé de nombreux édifices dont les silhouettes étaient déterminantes pour l'aspect de la ville, et c'est cela qui révèle la vérité sur la destruction. Que dire d'une Sarajevo sans gare centrale, sans Elektroprivreda [Electricité de Bosnie], sans Higijenski Zavod [Institut d'hygiène], sans Holiday Inn, sans Valter Peric [Electricité de Sarajevo], sans l'ancienne poste, sans Unioninvest [entreprise de climatisation], sans l'Institut d'études forestières, sans le lycée technique, et ainsi de suite... mais par ailleurs, que dire de tout cela en regard des amitiés rompues, des liens brisés, des déceptions profondes suscitées par certaines gens, des amis d'antan... en regard du bouleversement total des conceptions de vie, encore valables hier, de toutes les normes humaines, des visions du monde et des rapports qui y règnent ? Qu'est-ce enfin qu'une usine ou une voiture détruite et incendiée, en comparaison d'un monde littéralement anéanti sous les yeux de nos enfants, pour qui les concepts de Serbes, musulmans et Croates imprégneront à tout jamais les verbes, les adjectifs et les substantifs de la langue ? Qui paiera ? Et qui sera capable de pardonner les tics que ces enfants traîneront de ce fait jusqu'à la fin de leur vie ?

Hier, au milieu du chaos de la guerre, une petite nouvelle est tombée ici, à peine perceptible, annonçant que l'année scolaire 1991-1992 doit être considérée comme terminée, que les notes des élèves seront celles qu'ils avaient au premier jour de la guerre, les notes éliminatoires étant améliorées d'un point.

Mon copain Boro qui veille jour et nuit, avec quelques autres collègues, dans l'équipe de garde d'*Oslobodenje* pour fabriquer et protéger le journal, a eu des nouvelles de sa fille à qui la guerre n'a pas permis de terminer sa première année scolaire. Le jour de l'interruption des cours, toutes ses notes étaient 5 sur 5, et elle termine donc cette année inachevée avec des notes parfaites. Savez-vous ce qu'elle a demandé, timidement et à mi-voix, pour cette excellente réussite et pour cette fin d'année dans les circonstances que nous connaissons ? « Papa, puisque j'ai très bien travaillé, peux-tu m'acheter une glace ? »

Boro est un homme qui a voyagé, qui était compétent et à qui il ne manquait rien. Avant d'aller à l'école, Lana savait que la glace lui était promise plusieurs fois par jour. En ce temps-là, avant les destructions et les larmes, pour tous ses 5 sur 5 à l'école, Lana aurait eu tout ce que mon copain Boro aurait pu lui acheter. Aujourd'hui, dans son grand petit univers, elle a fait le point des images qui l'entourent, elle a assimilé durablement tout un ensemble de valeurs délimitées par la faim et la soif, la pauvreté et les pénuries, les pertes et les souffrances. Et dans son grand petit univers, la glace est devenue un rêve qu'on peut espérer et désirer.

Ceux qui ont réduit le rêve de Lana à une glace et toutes ses années futures à une peur subconsciente des obus qui sèment la faim, la soif et la souffrance pensent-ils qu'on oubliera et qu'on pardonnera ? Pensent-ils vraiment qu'ils ont où s'enfuir devant les enfants qui sauront demain ou après-demain pourquoi il leur est arrivé ce qui leur est arrivé, et qui en est responsable ? La fuite n'est pas possible, et cela est aussi clair pour nous que pour les enfants.

18 mai 1992

La vie suspendue à un fil

Un calme bizarre règne. Une ville aussi grande, et pas un chat. On n'entend rien, pas même au loin. Cependant, il semble que les gens écoutent avant tout ce qui est au loin. On ne sait trop comment s'est constitué le puzzle d'une histoire selon laquelle aujourd'hui précisément, pour la première fois, les avions allaient venir. Il y a eu beaucoup de rumeurs : hier après huit heures, une brève alerte aérienne, les téléphones ont sonné partout, mais rien ne s'est passé. Par ailleurs, il s'agit d'avions que Karadzic a demandés à Panic *via* Milosevic. Il existe des enregistrements confirmant que Milosevic emploiera toute son influence auprès du nouveau chef de l'armée pour que ces avions arrivent dans le ciel de Sarajevo. Par la suite, le général Panic a démenti toute cette histoire, affirmant qu'il s'agit là d'un « pur mensonge », et évidemment, cela a excité encore davantage les esprits. Personne n'a oublié comment le général Kukanjac [1] répétait pour tout ce qui s'était produit : « Tout cela

1. Au début de la guerre, commandant des forces armées yougoslaves stationnées en Bosnie-Herzégovine.

est le plus grossier des mensonges. » En toute honnêteté, il faut reconnaître qu'il y en a un parmi eux qui n'a jamais menti : c'est ce maniaque de Perisic[1], qui a tenu la promesse qu'il avait faite aux habitants de Mostar de détruire la ville. Voilà un homme de parole.

Au milieu de ce calme, dans l'attente d'avions ou de quelque chose de semblable, on me rapporte un événement survenu hier, peut-être plus parlant sur cette ville et ses habitants que bon nombre de grandes histoires de guerre. Dans un quartier de Sarajevo, particulièrement « gâté » par de nombreux *snipers*, et précisément à cause d'eux, on a connu la faim avant les autres. En réalité, personne n'osait montrer son nez et encore moins s'aventurer jusqu'à la camionnette qui distribue le pain, de crainte que les hyènes avec leurs jumelles ne se lancent dans des noces de sang.

C'est alors qu'une idée a germé. Tout d'abord, par dessus le toit de l'immeuble où se trouvait le *sniper*, et donc dans son angle mort, on a fait passer un sac en plastique contenant une miche de pain noir. Puis, à côté de la fenêtre du *sniper*, un fil l'a descendu jusqu'au maillon suivant. L'homme qui se trouvait là a alors attaché une pierre au bout du fil et, après plusieurs tentatives, il a réussi à l'envoyer au voisin de l'immeuble en face. Lorsque la ligne fut établie, probablement au grand étonnement du *sniper* qui assistait à tout cela, le pain commença à glisser le long du fil. Les témoins racontent qu'en un endroit, il fut retenu par la branche d'un arbre, mais que de manière inattendue une longue perche apparut à travers la fenêtre de l'appartement voisin, de sorte que le pain fut débloqué. Comprenant enfin

1. Commandant des forces serbes pour la région d'Herzégovine. Appelé par dérision « chevalier de Mostar» .

de quoi il s'agissait, le *sniper* se mit à tirer frénétiquement vers le pain ou le sac ou n'importe quoi d'autre. Mais l'affaire était déjà terminée : la miche de pain avait franchi la fenêtre à laquelle elle était destinée, et de toutes les maisons voisines retentissaient des applaudissements assourdissants avec des cris de joie et quelques tirs.

Telle est l'histoire de Sarajevo et de ses habitants qui, par principe, ne plient ni l'échine ni le cou. Telle est aussi l'histoire d'une vie qui renaît tous les matins, défiant les gens visiblement porteurs d'une tare génétique, ces gens qui constituent véritablement un échec de la nature. Bien évidemment, il ne faudrait pas en rajouter sur les habitants de Sarajevo ; il ne faudrait pas faire de tous des héros. Nous sommes tous très différents. Il y a ceux qui, comme ces conducteurs de tramways et de bus, sillonnent à tout prix la ville dévastée, jusqu'au dernier véhicule utilisable. Il y a des boulangers, des laitiers que seuls les obus peuvent arrêter. Il y a des électriciens, des plombiers et de simples veilleurs de nuit qui refusent de voir la guerre. Il y a aussi pas mal de journalistes, d'imprimeurs et de cameramen. Mais, pour être honnête, il y a par ailleurs ceux qui se terrent dans des caves, même en l'absence de danger ; ceux qui sont partis sans demander leur reste. Il ne faut pas le leur reprocher, car, de tous les traits caractérisant l'homme, le plus humain, c'est la peur. Mais ce qui prédomine aujourd'hui, c'est l'attente calme et sereine des avions et l'invention de nouvelles astuces comme celle du fil pour passer du pain. L'homme dispose en lui-même de ressources inestimables, encore faut-il en faire bon usage.

2 juin 1992

Tennis – la vie et la mort

La rédaction d'*Oslobodenje* a reçu, entre autres, l'information suivante : « La Fédération internationale de tennis a décidé, lors de sa réunion tenue aujourd'hui à Paris, de remettre à plus tard l'acceptation d'une nouvelle règle selon laquelle le jeu continuerait lorsque, après le service, la balle a touché le filet et est retombée dans le bon carré du terrain. La règle en vigueur dit qu'après la balle qui a touché le filet suit un nouveau service… »

Dans le même temps, nous recevons des appels de Visoko, Zenica, Travnik, Tuzla, Breza et des quartiers sarajeviens occupés que sont Dobrinja et Butmir. On nous demande d'envoyer impérativement, à quelques numéros de fax clandestins, au moins l'essentiel des articles du dernier numéro d'*Oslobodenje,* pour que les habitants de ces agglomérations sachent ce qui a été détruit hier, qui est mort, qui a survécu. Plusieurs lecteurs, dispersés dans le monde entier, supplient qu'on leur dise ce qui se passe à Prijedor et à Sanski Most car on a entendu que les *tchetniks* y égorgeaient massivement les gens ou les chassaient et brûlaient leurs maisons. Hier, l'agence de presse Srna n'a pas ajouté un seul mot de commentaire à l'information selon laquelle le malfaiteur Karadzic venait d'annoncer à « son » peuple que certaines « régions » serbes ne pouvaient pas être maintenues comme prévu et que la population autochtone devait s'attendre à un dénouement différent de celui qu'elle escomptait. Dans le même temps, au Centre de presse international, certains journalistes demandent : « Quand la télévision de Bosnie-Herzégovine commencera-t-elle à appliquer une terminologie de guerre adaptée à ce qui se passe autour de nous ?[1] » D'autres pensent que la « terminologie de guerre », notamment une manière guerrière d'interpréter les informations, n'apportera rien de plus aux faits qui sont ce qu'ils sont, qu'il s'agisse de faits de guerre ou de faits de paix. Je m'associe à ces derniers, tout en sachant que nous sommes bien en guerre et que toutes les informations rentrent dans le contexte que détermine cette guerre.

Mais revenons au début. Ce n'est pas le fait d'avoir reçu, extrêmement vite, le point de vue de la Fédération internationale de tennis sur la règle à respecter lorsque la balle touche le filet après le service et ce qu'il faut faire lorsqu'elle retombe dans le bon ou le mauvais carré – ce n'est pas cela qui m'émeut. Je suis troublé par la demande de nombreuses personnes à travers la Bosnie-Herzégovine qui possèdent un fax et qui demandent, à tout prix, n'importe quelle information venue d'ici, ne doutant nullement qu'elle sera véridique et fiable. Je suis ému aux larmes par le fait que, de jour en jour, dans un nombre croissant de villes bosniaques, les gens font la queue devant les vitrines

1. Les journalistes de la TV de Bosnie-Herzégovine, dans un souci de modération, évitaient de nommer l'agresseur et, de manière générale, les parties en conflit.

où l'on affiche le seul exemplaire télécopié du journal dont on dispose. Et puis, ce qui me touche, c'est que les travailleurs de la forge de Zenica commenceront à partir de demain à fabriquer une sorte de *reprint* d'*Oslobodenje* qu'ils vendront, en petit format, à leurs concitoyens avides de toute voix parvenue du reste de la République.

L'histoire de la balle et du filet, de même que les informations sur les événements en cours dans Sarajevo ensanglantée ou celle sur l'aveu de Karadzic de son échec quant aux promesses faites à ses partisans (qui ne le croiront pas), témoignent toutes de la force, de la vitesse, de la signification et de l'importance vitale d'une information qui n'adoucit pas les souffrances et la douleur, qui ne laisse pas de place aux remords et aux considérations morales, mais qui relate les événements à l'état brut. Ces informations, ces faits et cette vérité travaillent pour nous, indépendamment des passions personnelles, de la subjectivité et des frustrations.

Aujourd'hui, après tout ce qui s'est passé, une voix nous est parvenue de Mostar, rompant le terrible silence de cette ville ravagée. Demain, là-bas, au coin d'une rue, devant une vitrine, quelqu'un lira des textes sur nous tous et sur notre lutte.

Les règles du tennis ne seront pas modifiées dans l'immédiat – en comparaison de la transformation des règles qui régissent la vie et la mort dans nos contrées, ce fait paraît dérisoire. Cependant, ce qui est capital, c'est que cette information nous soit bien parvenue de Paris : les informations sur ce qui se passe chez nous ont donc, elles aussi, une chance.

Bénie soit l'information !

7 juin 1992

Des enfants et des bûches

La nuit dernière, quelqu'un a dit qu'il y avait dix morts dans l'immeuble dont il ne reste que le squelette calciné et où nous fabriquions notre journal pour les Sarajeviens. Le lendemain matin, le journal était de nouveau en vente dans les rues de Sarajevo. Aujourd'hui, à l'aube, après une heure de sommeil sur un brancard, j'ai été réveillé par un coup de fil. Quelqu'un téléphonait de la ville pour me demander :

– Est-ce que le journal pourra paraître aujourd'hui... ?

– Bien sûr que oui, et pourquoi pas ? Il sortira demain et après demain et tous les jours. Nous l'écrirons à la main s'il le faut.

– Excusez-moi de vous avoir posé cette question, répond l'homme à l'autre bout du fil.

Ce matin, réveillé et farouche, j'ai trouvé un ancien numéro du journal où j'ai lu : « Il ne faut pas offrir à un étranger la balle qui tuera les *tchetniks*. Ce plaisir, je ne veux le partager avec personne. Imaginez le chagrin si un Belge ou un Kenyan tuait Radovan Karadzic ou Se-

selj [1]... » C'est ainsi que parle un Sarajevien de souche, quelqu'un qui a bâti toute sa vie sur l'indulgence, sur la tolérance, sur le pardon et sur un sentiment incroyable d'attachement à chacun de ses voisins et, ce qui est encore plus important, qui a élevé ses enfants dans le même esprit de tolérance.

Nombreux sont ceux à Sarajevo qui, comme cette homme, ont changé de discours. Ils parlent autrement, même si leurs actes, en dépit de tout ce qu'on leur fait, témoignent de leur générosité d'hier. Prenons, par exemple, le cas de ce « musicien » militaire qui quittait avec son armée la caserne Maréchal-Tito. Les Sarajeviens ont dépanné sa voiture, qui s'était arrêtée au milieu de la colonne : ils l'ont poussée, ont tenté de la remorquer, ont essayé d'arrêter ses « frères d'armes » pour qu'ils l'aident, mais ceux-ci poursuivaient leur chemin sans prêter attention à ce qui se passait derrière eux. Finalement, les Sarajeviens ont attaché la voiture de ce musicien à une voiture de police bosniaque, et ils l'ont remorquée dans le sillage du convoi qui l'avait abandonné sans sourciller.

Ils nous ont tout détruit et il ne fait aucun doute qu'ils continueront à ravager ce qui nous reste. Tels que je nous connais, tout leur sera pardonné un jour, même si nous devons ne jamais l'oublier. Mais ce qu'on ne pardonnera et n'oubliera pas, c'est qu'ils ont brisé le meilleur en nous, qu'ils nous ont appris à haïr. Ils ont fait de nous ce que nous n'étions jamais – c'est pour cela que nous aurons du mal à leur pardonner, à eux aussi. La foutue Bosnie aura du mal

1. Leader du parti ultranationaliste serbe *Srpska radikalna stranka* (parti radical serbe).

à rester ce qu'elle était, avec ceux que nous sommes devenus. Alors que c'était sa seule manière d'être…

La Bosnie ne sera plus jamais un paradis pour les partisans d'une chose et de son contraire, ceux qui, en baissant la tête, tendaient l'oreille vers les paroles des grands et des puissants que nous ne sommes pas. Ce ne sera plus le terroir des lèche-bottes capables de se fabriquer une peau sur mesure tout en continuant à jouer les honnêtes et les intègres.

Il y a quelques jours, tard le soir, un de mes amis, professeur universitaire et humaniste cultivé, a entendu un cri lancé par un de ses amis de Belgrade, comme lui un homme cultivé et un humaniste. Il lui disait par la voie des ondes radio : « Est-il possible que quelqu'un bombarde Belgrade ? Savent-ils que nous avons des enfants ici ? » Mon professeur, hier encore doux comme une colombe, lui a répondu froidement : « Nous, à Sarajevo, nous avons des bûches ».

Plus rien n'est comme avant et ne le sera plus jamais.

10 juin 1992

La logique du chaos

Ce matin, peu après cinq heures, on a donné « l'alerte générale ». Il est près de neuf heures et elle est toujours en vigueur. Pendant que la terre tremble, je constate combien il est irrationnel de parler de danger « général ». Combien il est ridicule d'attendre « la fin du danger » alors que les jours sont pareils aux nuits et que Sarajevo est éventrée. Ici, le « danger » est devenu permanent et la souffrance incontournable. Seule l'incertitude est certaine. Que pourrait-on qualifier de « début » ou de « fin » ? Une fin définitive de tout, quelle qu'elle soit. Cela dépend de la chance qu'a chacun de nous.

En ces heures, ces jours et ces mois où toute la vie ne dépend que de la (mal)chance, nous nous engageons imperceptiblement dans des chemins nouveaux. En d'autres temps et d'autres lieux, ceux-ci sembleraient dérisoires.

Naissent de nouvelles philosophies, destinées à l'usage personnel et à celui de nos proches. Leur objectif est de garantir la survie, de se protéger de soi-même et de ses propres peurs. Lorsque l'un des obus, des dizaines d'obus, a explosé à proximité, j'ai surpris une conversation entre deux de mes collègues qui discutaient, accroupis :

– Je savais qu'il allait tomber ici. Igor est là-bas, il ne fallait pas qu'il reste ici.

– Bon Dieu, comment savais-tu qu'il allait tomber ici ? Comment Igor pouvait-il le savoir ?

– Evidemment qu'il pouvait le savoir, cela se sait, tout le monde le sait...

Il s'est avéré que « tout le monde sait ». Personne ne songe que ce « savoir » est de la pure bêtise. Jamais personne ne peut savoir quelque chose sur cette folie, car tout y est inconnu. Mais nous avons été éduqués à chercher partout et toujours une « logique » et un schéma en noir et blanc. Nous avons toujours su toutes les réponses. C'est pourquoi nous nous sentions forts, presque imbattables. Le chaos qui nous a saisis en est d'autant plus douloureux et, pour nombre d'entre nous, fatal. Personne ne sait répondre aux vraies questions qui se posent aujourd'hui.

On ne comprend pas ce qui se passe, ni pourquoi cela a lieu, ni qui a des chances de survivre et qui n'en a point. Où tombera l'obus ? Quels sont les endroits sûrs ? Qui se trouvera sur la trajectoire de la balle ? Qui est né sous la bonne étoile ?

Il ne faut pas s'étonner si tous, sans exception, cherchent une logique, un sens, une règle dans ce chaos qui est absolu et, semble-t-il, infini. Ceux qui y parviennent pensent « savoir » beaucoup de choses : par où il faut passer et à quel moment, quels sont les chemins interdits, ce qu'on peut faire sans risque, pourquoi les obus tombent ici et non là-bas. Ceux-là connaissent parfaitement les règles de la vie selon lesquelles il est plus probable de gagner au loto que d'être touché par une balle de *sniper*. Mais dans le quotidien de Sarajevo les balles sifflent. Ici, il n'y a que les journaux qui parlent de gagnants au loto, et leurs noms ne sont pas les nôtres.

Une matinée où rien ne s'arrête. Les obus tombent près de nous, peut-être plus près que jamais. L'alerte « officielle » dure ; celle, privée, personnelle, aussi. Nous évaluons nos chances, nous courons les risques et nous espérons toujours. Nous avons besoin de trouver la force d'une chose tout à fait privée : apprendre à ne plus nous mentir, à ne pas chercher une logique là où il n'y en a pas. Car si nous la trouvons, demain nous trouverons une justification et une logique à ceux qui ont détruit toute notre logique.

Mais je dois changer de place, car ici le bruit devient insupportable. Et puis, je sais très bien, j'ai la certitude absolue qu'un obus tombera bientôt à l'endroit où je me trouve maintenant. Là où je vais, il n'y en aura pas. Je ne serais pas un vrai Sarajevien de sang froid et d'optimisme brûlant si je ne savais pas cela. Tout comme je sais que bientôt tout sera fini.

12 juin 1992

De nouveaux horizons

Hier après-midi, notre petite équipe de journalistes, qui est restée de garde au journal pendant huit jours vingt-quatre heures sur vingt-quatre, est rentrée à la maison. On ne sait pas jusqu'à quand. Si les temps n'étaient pas ce qu'ils sont, nous saurions que c'est une pause de quatorze jours à l'issue de laquelle nous nous retrouverons au même endroit, avec les mêmes tâches. Mais par les temps qui courent, quatorze jours, c'est devenu toute une vie !

Aujourd'hui, huit jours après que nous sommes entrés dans notre grand immeuble vitré qui ne cesse de se réduire – et que nous aimons encore davantage blessé et ensanglanté, mais debout –, la ville ne ressemble déjà plus à celle que nous avions quittée. Certaines rues ont purement et simplement disparu ; il n'y a plus de coins de rues, lieux de nos rendez-vous ; il manque même certains arbres immenses qui, depuis des décennies, voire des siècles, obstruaient la vue sur les pentes de Trebevic.

Il m'a fallu toute une matinée pour comprendre pourquoi, subitement, je pouvais voir de ma fenêtre certaines parties de la ville que je n'avais jamais vues auparavant. La réponse est simple et saisissante : il n'y a plus les maisons, les murs, les branches qui ont toujours fait partie du paysage qui m'entoure. De cette manière, mon univers s'« élargit » d'heure en heure.

Cela fait maintenant soixante heures sans interruption qu'ils crachent de l'acier sur notre chère ville, sur nos jardins et nos allées, nos cours et nos façades. Dans cet enfer il n'y a plus de trêve, plus de repos, plus d'ajustement des canons brûlants, même plus besoin de commander et de dire « à vos ordres ». La mort s'est installée sur un tapis roulant et nous rit au nez à tous, sans distinction.

De Sarajevo, telle que nous l'aimions sans partage et d'une affection particulière, partent de plus en plus vite et inexorablement ses meilleurs enfants. La mort les trouve, un par un. Quel mensonge monstrueux que de dire : « La fortune sourit aux audacieux. » A Sarajevo, elle sourit aux crétins et aux insensés. La fortune est du côté des idiots et des sauvages, car, visiblement, ce doit être un bien qu'on achète, qu'on négocie ou qu'on extorque à ceux qui ont de l'argent et des armements. Nous ici, si loin du cœur du monde entier, nous n'avons ni argent pour l'acheter, ni volonté pour la mendier. C'est pour cela que nos horizons s'élargissent d'heure en heure ; bientôt, très bientôt, il n'y aura plus d'obstacle à la vue – à la raison et aux sentiments non plus. Pour ceux qui survivront.

A Sarajevo, il n'y a plus d'électricité depuis des jours ; le peu de réserves maigrichonnes de nos réfrigérateurs sont perdues. Depuis des jours il n'y a plus d'eau courante ; le dernier sachet de farine ne sert plus à grand chose. Plus de téléphone, mais même s'il y en avait, qui pourrait-on appeler ? Il a plu hier, mais nous étions nombreux à ne pas penser qu'il fallait attraper l'eau dans des casseroles et des seaux. Comment savoir, après toutes ces années, qu'il faut collecter l'eau de pluie ? Mais à la prochaine averse, s'il y en a, nous saurons quoi faire. D'ailleurs, la prochaine fois nous saurons plein de choses, si prochaine fois il y a.

En attendant, nous économisons les dernières piles de transistors et n'écoutons plus les mensonges pervers du monde. Là-bas, les conseils de copropriété et les directions des clubs de cricket doivent adopter le projet de proposition de suggestion de base d'un accord permettant éventuellement de montrer du doigt « toutes les parties en conflit » à Sarajevo. Ce que nous écoutons c'est la musique de nos copains qui composent pour nous, pour la ville et pour eux-mêmes. Et nous chantons ensemble. L'étranger aurait probablement du mal à les comprendre, nos chansons, car elles sont un peu différentes des siennes. Mais c'est aussi bien qu'il ne les comprenne pas. Sinon, on pourrait penser qu'ici quelque chose ne va pas – que, Dieu nous en garde, nous lui ressemblons. Ce serait une vraie défaite, une défaite totale. Il nous reste nos propres forces, nos chansons et, lorsqu'on croise un passant, le droit de lui dire « bonjour » en sachant que c'est à un homme que l'on s'adresse. Finalement, nous nous débrouillons bien dans la pénurie générale.

13 juin 1992

Le printemps de Sarajevo

Aussi invraisemblable que cela puisse vous paraître, je me suis promené en ville cet après-midi. Qui plus est, je suis allé vers des collines que je n'avais jamais vues. J'y ai vu le printemps : des cours plongées dans la verdure, des rosiers, et même des cerises. Dans un jardin, sous les feuilles vertes d'un arbre, les gens ont sorti la cafetière et les tasses et boivent du café. Ils ont probablement été surpris par ce passant inconnu, tout comme j'ai dû l'être moi-même en les apercevant. Et puis nous avons eu la même conviction qu'en un tel lieu, il n'est pas concevable que « les leurs » rencontrent « les nôtres » (surtout pas pendant une trêve).

Nous avons bu du café ensemble. Ils étaient contents d'avoir avec eux un journaliste à qui ils pouvaient poser des questions. Quant à moi, j'étais heureux de ne pas avoir manqué le printemps et d'avoir pu me rappeller l'année dernière à la même époque, lorsque Biljana, Dado, Ogi [1] et

1. La femme et les fils de l'auteur.

moi flânions dans les parages en attendant vendredi et notre voyage vers Mostar, Ston et Mala Luka, plus loin sur Peljesac [presqu'île sur la côte Adriatique].

Cette année, les feuilles vertes, les cerises et les roses auraient pu passer sans que je m'en aperçoive, vivant et travaillant dans des bunkers, dans des rues ravagées et des parcs labourés, dans un voisinage inconnu et, de manière générale, dans une ville qui meurt lentement sans vouloir demander l'aumône.

Autour de ce café, le meilleur de ma vie, on m'a demandé : « Journaliste, dis-nous, bon sang, où est la fin de tout cela ? » Ils pensent, visiblement, que j'en sais un peu plus qu'eux sur toutes nos peines. Que je le vois, comme ça, dans des « papiers ». Ils ne savent pas que ce qui est vraiment important est connu d'eux mieux que de quiconque. Et qu'il ne faut pas poser de questions à un journaliste.

En fait, ce qu'ils veulent savoir en m'interrogeant, c'est ce que font les étrangers, l'Amérique et le monde, les puissants et les riches. Rien, ni aujourd'hui, ni demain. Seulement, comment le dire à ces gens, autour d'un café, au soleil, en goûtant de ce gâteau sec au lait, sans œufs et sans levure.

Je leur ai parlé de Boutros Ghali, de cet homme que j'ai connu et que j'ai admiré à une époque, loin d'ici, au Caire, l'homme que j'ai respecté et dont les marques d'affection pour son petit-fils – qui était camarade de classe de mon Ogi – me paraissaient merveilleuses. J'ai vécu son arrivée à New York comme une nette victoire de la justice sur le mal. Mais j'ai dit à mes hôtes que, même s'il le voulait et en dépit de toutes ses qualités, cet excellent homme ne pouvait rien pour nous, car nos modestes cerisiers retournés par lcs obus n'avaient pas d'importance aux yeux du monde ; et puis, nous sommes un peu loin.

– C'est vrai que sa vie ne doit pas être facile parmi ces loups en Amérique. Il nous aiderait peut-être, le bonhomme, si cela ne tenait qu'à lui, commenta un homme âgé qui jusqu'alors fumait en silence des feuilles de tisane enroulées dans du papier. Mais, vois-tu, je fais plus confiance à mes Dino et Selim, qui sont partis aujourd'hui vers Vrace, qu'à ce Ghali. Sais-tu, journaliste, il ne faut demander à personne, ce n'est pas dans notre sang de demander. Dis-nous si tu sais quelque chose sur les nôtres, et merci de nous avoir dit pour Ghali. Comment peut-il savoir ce qui se passe chez nous ? C'est si loin.

Heureusement, j'ai pu leur répondre. Je savais que la nuit précédente des canons lourds destinés à nos combattants avaient été transportés par-dessus l'une des collines environnantes. Je savais aussi que des maisons néfastes brûleraient aujourd'hui ou demain dans Nedzarici, dans Lukavica, sur Vrace. Que dans les jours à venir ce sera pire encore, car il faut qu'il en soit ainsi pour un avenir meilleur. J'ai dû leur dire que l'« opération aéroport » telle qu'elle est conçue est une bêtise et une concession faite aux *tchetniks* car cela leur fait gagner du temps (que ce soit volontaire ou inconscient de la part des « bleus »). Le temps leur est précieux, car en ce moment même ils détruisent deux ou trois quartiers de Sarajevo et plusieurs villes bosniaques…

Comme je partais, la maîtresse de maison m'a glissé dans la main un petit paquet avec quelques gâteaux : « Ne manquez pas de venir avec vos enfants, quand tout sera fini. Mes Dino et Selim disent que ça ne durera pas longtemps. »

L'hôte a ajouté : « Je plains ton Ghali qui est vraiment un homme bien, si tu le dis, journaliste. Mais peut-être un jour se sortira-t-il de tout cela. Si on peut l'aider, dis-le lui quand tu en auras l'occasion, nous sommes là. Pour que tu saches, journaliste, comment sont les gens d'ici. »

Maintenant que je suis de retour dans le chaudron urbain où la situation empire, une pensée me hante sans cesse : il aurait été bien dommage que je rate le printemps et ces gens du printemps sarajevien. Si j'ai l'occasion de rencontrer de nouveau Boutros Ghali, celui que j'ai connu au Caire, nous aurons de quoi parler. Et si ce n'est moi, ce sera mon Ogi, pour sûr, qui parlera au petit-fils de Ghali, son camarade de classe. Car les camarades de classe finissent toujours par se retrouver.

17 juin 1992

Mojmilo, la colline qui accuse

S'il nous restait encore de la malice et de la malveillance, on pourrait en manifester aujourd'hui, pour la énième fois, à l'égard du reste du monde. Un cessez-le feu, l'« opération aéroport », le retrait de l'armée, l'aide humanitaire, etc. sont autant de notions qui ne peuvent être que l'objet de risée et de mépris. Les obus pleuvent partout, comme dans les jours où le monde « reconnaissait » qu'il y avait des combats. Sur la piste du même aéroport où sont arrivés les grands experts mondiaux pour « exprimer leur satisfaction quant à son état avant sa réouverture » défilent des chars et des blindés, rasant tout ce qui est à la portée de leurs canons ensanglantés.

D'une manière grandiloquente, on a annoncé plusieurs convois d'aide, alors qu'on a vu en tout et pour tout deux camions, plumés au préalable par « l'une des parties en conflit », comme le diraient cyniquement ceux qui doivent profiter de notre souffrance. Plus loin, loin de Sarajevo, « l'armée qui s'est retirée de Bosnie-Herzégovine », aidée par « les avions qui ne sillonnent plus le ciel de Bosnie-Herzégovine », anéantissent tout ce qui se trouve sur leur chemin. Des criminels barbus et ivres, de Serbie et du Monténégro, viennent prendre la place des morts, des disparus et des déserteurs.

Mais la situation, au moins en ce qui concerne Sarajevo, est aujourd'hui un peu changée. Cette ville dispose depuis hier d'un témoin petit, peu loquace, bosselé, dénudé, mais néanmoins debout : la petite colline de Mojmilo, qui s'érige entre le quartier de Dobrinja, l'aéroport et la caserne Lukavica. Offrant une vue sur la piste de l'aéroport, sur la caserne de Nedzarici, l'immeuble d'*Oslobodenje*, et même plus loin, c'est un endroit d'où l'on voit le crime. Par conséquent, il n'est pas étonnant que les humanoïdes l'aient gardée et défendue avec ferveur, tant qu'ils ont pu. Seulement, dès l'instant où ils ne le peuvent plus, Mojmilo devient ce principal témoin pour tous les procès à venir, contre les criminels qui ont détruit, brûlé, rasé et anéanti, mais également contre ceux qui se sont montrés non concernés, non impliqués, impartiaux et respectueux de leurs principes : les adeptes de la procédure internationale qui, lorsqu'ils venaient rendre visite à Sarajevo, se faisaient héberger par des bêtes fauves dans la caserne de Lukavica au lieu de venir chez des êtres humains, en ville [1].

Alors que Mojmilo appartenait encore aux « fédéraux », les derniers soldats qui la défendaient étaient jeunes et inexpérimentés. C'était un groupe loyal à la population du bas de la colline. On a assassiné ces jeunes garçons pour baisser le drapeau militaire : les *tchetniks* n'ont pas pu leur

1. Ce texte est une critique des Occidentaux qui, prônant la thèse de la responsabilité partagée, se font héberger par les assiégeants dans leur quartier général de Lukavica, à l'extérieur de la ville, au lieu d'aller chez les assiégés, évitant ainsi de voir la réalité du conflit *(N.d.T.)*.

pardonner d'avoir laissé passer, il y a un mois, plusieurs milliers de réfugiés de Dobrinja. Ces mêmes *tchetniks* se sont alors emparés de la colline et ont tiré sur tous ceux qui, en bas, montraient leur nez.

Mais finalement, ce fut le drapeau bosniaque, avec des fleurs de lis en or, que l'on hissa hier à Mojmilo, et dès lors des images furent envoyées dans le monde entier : des trous béants là où se trouvaient auparavant les pavillons du village olympique, des cadavres dans les rues, que personne n'ose ni ne peut ramasser, des tombeaux devant les immeubles, des chars qui se promènent sur la piste de l'aéroport et tirent où bon leur semble, des blindés qui, de leurs coupoles tournant furieusement, tentent de battre des records de nombre de cartouches utilisées, des maisons de criminels comme Tintor, Trapar, Sucur et d'autres, dont Sarajevo effacera la trace pour ce qu'ils lui ont fait.

Aujourd'hui libérée, Mojmilo peut aussi témoigner de colonnes d'innocents emmenés depuis des jours par camions dans la caserne Lukavica et l'ancien restaurant Kula (ce qui signifie « tour ») transformés en camps de concentration. Ces gens sont coupables de ne pas être Serbes, ou de ne pas vouloir être Serbes de la seule manière qui convient à Milosevic. Que pourront dire ceux qui prônent la thèse de la responsabilité partagée lorsque la caméra postée à Mojmilo leur montrera tous ces chars, ces camions, lorsqu'ils verront comment ont été blessés ce journaliste slovène et cette journaliste américaine, et pourquoi ce jeune homme est mort alors qu'il aurait pu être sauvé ? La caméra de Mojmilo montre très précisément le lien entre cet événement et la barricade érigée par des malfaiteurs barbus. A moins que la caméra ne mente, elle aussi.

Messieurs les leaders de la honte internationale, le mensonge n'a plus cours ici. Prenez votre argent et allez-vous-en, si vous ne pouvez pas agir honnêtement. Certes, encore faudrait-il convenir du sens d'« honnêtement ». Mais les collines se sont mises de notre côté : grimpez sur Mojmilo pour voir. Tout de suite ou un peu plus tard ; il vaudrait mieux que ce soit au plus vite, pour nous et, me semble-t-il, pour vous aussi.

19 juin 1992

Pas de pardon pour l'humiliation

Cela fait longtemps que Sarajevo ne pleure plus sur son sort, ne déplore plus les obus qui la submergent. A Sarajevo, les larmes ont cédé la place au dépit. Parfois on est même prêt à répondre par l'humour noir à la misère qui nous vient de l'autre côté des canons. L'anxiété provoquée par les obus insidieux s'estompe devant d'autres préoccupations : comment reconnaître automatiquement le calibre de la mort, le déterminer en fonction de la longueur du sifflement, de la qualité du son et de sa provenance. Ici, tout le monde sait évaluer la gravité du danger : tantôt il suffit de s'abriter derrière une barrière provisoire, tantôt il faut s'arrêter quelques minutes. Il y a des cas où il faut enfouir la tête le plus loin possible sous terre. Les erreurs d'évaluation sont irréversibles.

Aussi inouï que cela puisse paraître, la ville manifeste de moins en moins sa douleur pour ceux qui n'ont pas eu la chance ou l'habileté d'évaluer correctement la trajectoire de l'obus ou la position du *sniper*. Le deuil devient individuel, comme si la tragédie collective avait perdu de son intérêt ou était reléguée à d'autres temps, s'ils viennent.

La seule cible de tous les regards, c'est ce cauchemar abominable et collectif nommé Lukavica. Jusqu'à hier, ce n'était qu'une caserne, en marge de la ville. Depuis hier, c'est une tache noire sur la conscience du monde et de la prétendue Europe du XXe siècle. Il s'agit d'un camp de concentration au sens strict du terme. « L'une des parties en conflit » (comme le dirait, avec une hypocrisie intolérable, les commandants et les fonctionnaires des Nations unies) a interpellé, mis dans des camions et déporté à Lukavica plus de deux mille personnes. Ces gens-là ne sont nullement impliqués dans le conflit : ils ont seulement eu le malheur d'être nés d'une mère musulmane, croate ou « mauvaise » serbe. Brutalement, sauvagement, exactement de la même manière que dans les vieux films sur la Gestapo et les Juifs, en les poussant avec des crosses de fusils, on les a chassés de leurs appartements dans lesquels, depuis deux mois, ils n'étaient déjà plus que des prisonniers (car ils habitaient en territoire étranger à l'intérieur de leur propre ville). On les a emmenés dans la caserne, plus précisément dans les écuries de la caserne, où se trouve l'Etat major du monstre Mladic [1] et du psychopathe Karadzic, mais qui sert aussi de plus en plus souvent de *home sweet home* aux justes des Nations unies. L'embarquement dans des camions et le transport vers ce camp de concentration qui se trouve près de l'aéroport se poursuit aujourd'hui, soixante-quinze jours après le début des bombardements de Sarajevo, et depuis que l'ONU tente d'établir qui tire là-bas.

---

1. Un des principaux chefs (sinon le principal) de l'armée serbe de Bosnie-Herzégovine.

Dans cette ville où l'on meurt quotidiennement et où la vie vaut moins que tout espoir, la mort devient quelque chose d'attendu ou, si vous voulez, de logique. Elle est sous-entendue : il suffit que la chance ne vous sourie pas particulièrement. A condition de la replacer dans le contexte d'une folie manifeste, d'une sorte de tromperie de la nature, on arrive à la relativiser. De ce point de vue-là, demain, on arrivera peut-être à pardonner, à étouffer le sentiment de vengeance.

Mais pardonner cette humiliation de déportation dans le camp de concentration, ce n'est pas possible à Sarajevo, et ce ne le sera jamais. Une balle dans le dos emporte la vie : il ne reste plus rien, ni la douleur ni la conscience de cette douleur. La crosse du fusil dans le dos et le camion vers le camp impriment une douleur qui ne saura être oubliée. Cette crosse raye tous les acquis de la civilisation, emporte les sentiments les plus fins de l'homme, efface le sens de la justice, de la miséricorde et du pardon.

Si l'on s'en était tenu à des assassinats, en ces temps de guerre, on aurait pu l'accepter. Mais les déportations ne font pas partie de la guerre, les déportations sont le point ultime de l'humiliation que l'on peut infliger à un être humain, avec laquelle il ne lui est plus possible de vivre.

La déportation de plusieurs milliers de Sarajeviens, quel que soit leur sort à l'avenir, a effacé le sentiment de bonté et d'humanité de plusieurs dizaines de milliers de leurs proches. Le mal a été multiplié de la pire manière. Sarajevo n'est plus une ville qui souffre, mais une ville qui attend la vengeance. Dans ces contrées, on a toujours pardonné la mort, mais jamais l'humiliation. Ne vous réjouissez-pas trop vite, vous le regretterez un jour.

20 juin 1992

Il fait beau aujourd'hui

Nous sommes samedi midi, premier jour de l'été. Tout à l'heure, l'annonceur de garde au Centre de sécurité de Sarajevo a déclaré : « La ville est relativement calme. Quelques obus sont tombés dans le quartier de Marindvor, et deux ou trois maisons ont été détruites. Depuis la caserne Lukavica, on tire des roquettes vers l'immeuble d'*Oslobodenje*, et ceux qui n'ont pas un besoin impérieux de se rendre dans cette direction sont priés de s'en abstenir au moins pendant l'heure qui vient. Pour plus tard, on verra. On conseille d'éviter les grandes queues devant les boulangeries ou les bureaux d'arrondissement distribuant des tickets de rationnement, car les lance-roquettes visent les endroits où les gens se concentrent. On n'a toujours pas d'électricité ni d'eau, on va voir ce qu'il est possible de faire. Ne quittez pas vos maisons sans nécessité impérieuse, vous avez sans doute entendu la sirène d'alerte générale. Par ailleurs, la journée est belle, ensoleillée... »

Que peut-on donc raconter au monde sur Sarajevo, par cette belle journée ensoleillée ? Rien. Ceux qui souhaitent savoir le savent déjà. Ceux qui continuent à vouloir ignorer ce qui se passe ici continueront à faire la sourde oreille, il ne faut pas les déranger. D'ailleurs, nous ne nous affolons plus beaucoup, car toute agitation réduit la capacité de s'intéresser aux petites choses indispensables. Par exemple, comment trouver le moyen de faire de la lumière, ou plus généralement de l'électricité ? Depuis quelques jours, les Sarajeviens examinent les centaines de voitures éventrées, à moitié écrasées ou complètement ratatinées et en récupèrent les batteries utilisables. Un phare (s'il a survécu, bien évidemment) permet d'éclairer convenablement une pièce. Certes, cela n'intéresse que ceux qui disposent encore d'une pièce habitable.

Avec des copains, je m'y suis mis, hier soir, dans mon propre appartement. Je n'ose pas dire où j'ai trouvé une batterie, mais elle est excellente et très grande. Une lampe neuve prévue pour le vélo de mon fils m'est tombée du ciel. Il est vrai qu'elle est un peu compliquée, chinoise et achetée en Egypte, imaginez un peu ce mélange de sagesse technique orientale… mais nous avons réussi. Mon « locataire » Goran, ingénieur en électronique et réfugié de Dobrinja, a réuni ses connaissances « électriques » et, comparativement aux autres, nous faisons maintenant partie de la dynastie. Le plus difficile était de transporter la batterie sans que les autres s'en aperçoivent, pour ne pas répéter l'erreur que Goran a faite précédemment : il a apporté ouvertement dans un sac en plastique quatre œufs qu'il avait échangés contre quelques cigarettes. Pendant deux jours, les voisins ne nous ont pas laissés respirer… à cause des œufs, évidemment. Que se serait-il passé s'ils avaient su pour les cigarettes !

Puisque nous sommes au premier jour de l'été, puisque la journée est belle et ensoleillée, comme dirait l'annonceur de garde au Centre de sécurité, nous allons essayer de faire du pain dans une Cocotte-minute, en guise de fête. Ceux à qui nous avons dévoilé le secret de l'électricité nous ont expliqué comment il fallait procéder. La condition fondamentale est remplie : il nous reste encore un peu de gaz. Par la suite, lorsque tout sera terminé, je veux dire, nos occupations domestiques, nous sortirons en ville, chacun aussi loin qu'il le peut, sans compétition et sans colère. Certains jusqu'à la porte cochère, d'autres jusqu'au quartier voisin. Il faut bouger, car autrement, on se retrouve sans rien.

Hier, on nous a dit que près de chez nous un type vendait de véritables piles pour transistors : deux mille dinars pièce, c'est donné ! Quatre piles de différentes tailles prises dans un élastique, cela représente un mois d'informations à la radio. Nous n'écoutons plus la musique, ni les commentaires, ni la revue de presse étrangère... nous connaissons tout cela. Seules les informations sont écoutées, notamment celles diffusées par le Centre de sécurité. Si nous ne les avions pas écoutées aujourd'hui, nous n'aurions pas su que la journée a été belle et ensoleillée...

Nous savons par nous-mêmes que l'été commence. Nous entendons d'horribles détonations dehors. Nous sentons les murs tressaillir. Mon Dieu, qu'arrive-t-il à nos proches ?

21 juin 1992

Oslobodenje en feu

Ils s'imaginent qu'ils ont enfin atteint leur but : hier, le ciel était en flammes au-dessus de Nedzarici – l'endroit que de nombreux Sarajeviens connaissaient presque exclusivement par le magnifique immeuble d'*Oslobodenje.* Ce ciel rouge de Nedzarici a sonné le glas du grand édifice et a très certainement provoqué la joie infinie des pyromanes de l'« une des parties en conflit ». Mais, en même temps, c'était la confirmation d'une vérité que nous avons souvent répétée au cours des dernières semaines : *Oslobodenje* a définitivement remporté la bataille immortalisant son nom ; ce n'est pas dans l'immeuble qui a brûlé que se trouve le journal, ni même dans les parties épargnées, d'où est sorti ce matin un nouveau numéro, deux fois plus cher qu'hier.

Les Sarajeviens, qui manquent d'argent même pour acheter du pain (lorsque pain il y a), ont acheté, en une heure, jusqu'au dernier exemplaire du journal. Ceux qui ont des réactions typiquement sarajeviennes à ce qui nous arrive, et même ceux qui ont passé la nuit à essayer d'éteindre l'incendie, ont dit : « Mon Dieu, c'est magnifique de savoir qu'ils nous haïssent au point d'utiliser toutes ces munitions pendant tant de jours uniquement pour nous. Imaginez ce qu'on a dû leur faire pour gagner à leurs yeux une telle importance... »

Si les temps étaient différents, nous aurions peut-être réagi autrement face à ce feu qui a englouti notre maison. Nous aurions regretté ces locaux superbes dont nous avons rêvé pendant quarante ans et joui pendant dix ans. Nous parlerions de tous ces ordinateurs, toutes ces machines et imprimantes, qui y sont restés et sur lesquels plus jamais un mot ne sera saisi ; ou bien nous évoquerions les manuscrits de Zuka Dzumhur, les caricatures d'Adi Mulabegovic, les photos de Mario Mikulic et de Mica Todorovic, ensevelis dans l'incendie allumé par des imbéciles et nourri par le feu des mitraillettes visant uniquement à nous empêcher d'éteindre l'incendie.

Seulement, les temps ne sont pas différents, les temps sont ce qu'ils sont. Nous ne pleurons donc pas l'édifice, d'autres, plus beaux et plus importants ont déjà brûlé. Les larmes des Sarajeviens coulent à cause des véhicules blancs de la FORPRONU d'où on a tiré hier impitoyablement sur les habitants de Dobrinja, alors que ces frimeurs aux casques bleus n'ont même pas jugé nécessaire de dire qui leur a volé ces véhicules, ni même s'ils ont été volés. Nous sommes fous de dépit après les déclarations d'un certain général MacKenzie qui affirme que l'ONU interrompra l'opération de réouverture de l'aéroport tant que les « deux parties ne cesseront pas le feu pendant quarante-huit heures ». Ce qui nous fait pleurer également, ce sont les cadavres des gens tués ce matin dans la ville par des obus, aux mêmes endroits où cela s'est déjà produit. Qui a entendu parler de cet obus qui est tombé aujourd'hui, exactement comme il y a quelque temps rue Vasa Miskin, au milieu d'une queue de gens venus acheter du pain ? Que signifie l'immeuble d'*Oslobodenje* pour ces mères dont personne ne pourra ressusciter les enfants ? Et puis, nous n'avons pas besoin de cet immeuble. Nous avons notre journal et nous avons Sarajevo qui en a besoin. Nous sommes là, toujours sains et saufs.

Dans les jours qui viennent, *Oslobodenje* aura peut-être un format réduit, et sera peut-être moins épais ; nous ne l'avons pas encore décidé. Mais il y a des choses qui ne nécessitent pas de décision : dans ce journal, peut-être plus petit et plus maigre, il y aura toujours tout ce qui suscite la haine des idiots, alors qu'il n'y aura plus rien de ce qu'ils peuvent détruire. Imaginez notre bonheur ! Notre journal contiendra toutes ces choses à cause desquelles cet hypocrite de MacKenzie, ainsi que Ghali et Goulding continueront à fabuler au sujet des « parties en conflit ». Un jour ils auront honte de ces fabulations. Quant à nous, nous allons nous occuper de notre journal, le préserver. Nous saurons même faire un retirage, pour l'éterniser à l'intention de ceux qui en auront besoin.

25 juin 1992

L'adieu

Toute cette guerre n'est en fait qu'un long adieu. On abandonne ses illusions et son passé, ses rêves, ses habitudes, ses espoirs et ses projets, les choses grandes ou insignifiantes, les endroits qui étaient inséparables de nos jours passés. On abandonne même les objets simples qui constituaient notre vie. Mais, avant tout, on quitte de nombreuses, très nombreuses personnes, divisées en deux groupes totalement séparés à l'exception d'un seul fil qui les reliera à jamais : la guerre.

Dans le premier groupe figurent ceux qui ont disparu parce que le mauvais sort les a choisis et placés sur sa liste. Dans le second, ceux qui se sont rangés – de leur propre gré, par bêtise ou inhumanité, peut-être même simplement par faiblesse humaine ou lâcheté – du côté des perdants éternels et des exclus de la société des gens honnêtes, droits et courageux.

Avec tout un groupe de ces derniers, dont mes anciens amis et collègues, nous nous sommes séparés hier formellement et définitivement – quelle expression incongrue dans ces moments où la frontière entre la vie et la mort est brouillée. Nous ne fabriquerons plus jamais le même journal, nous ne nous retrouverons plus dans les mêmes cafés de Sarajevo – ou du moins, pas autour de la même table. Enfin, nous n'honorerons pas notre serment solennel d'il y a seulement deux mois : celui de nous réunir pour célébrer le dixième anniversaire d'une grande fête « entre hommes », pour voir combien nous avons changé.

Certains parmi ceux qui figurent sur les photos d'il y a dix ans nous ont forcés à leur dire adieu car il nous est devenu impossible de les fréquenter. Non pas seulement à cause de nous, mais à cause de tous ces Sarajeviens qui ont sauté sur des mines et qui ont quitté la vie dans le sang, et à cause de nos enfants qui nous demanderont qui sont nos amis et où ils étaient pendant les jours difficiles.

Je ne serais pas sincère si je disais que mon cœur ne se serre pas. Nous étions de la même génération : pendant des années nous avons plongé dans la nuit ensemble et nous nous sommes réveillés ensemble. Nous avons vénéré les mêmes dieux et rejeté les mêmes saints, en nous pardonnant quand cela était possible et en oubliant l'impardonnable. Nous avons vécu toutes ces années ensemble et, pourtant, nous voici différents : d'une part ceux qui ont remporté leur combat avec le passé et avec le sort maléfique de ces contrées et, de l'autre, ceux qui ont été battus par leurs propres ombres et par le mal auquel ils n'ont pas su résister. Nous ne pouvions plus poursuivre le même chemin car ils n'étaient pas en paix avec eux-mêmes, c'est cela leur tragédie.

Les lettres de licenciement pour les enfants égarés et essoufflés d'*Oslobodenje* sont peut-être l'ultime preuve que pendant la meilleure partie de notre vie nous avons nourri une illusion. Mais elles sont peut-être aussi une victoire car la ligne de partage ne suit pas une logique d'appartenance à un troupeau, selon laquelle mes anciens amis se divisent encore entre eux. Notre séparation observe des critères d'humanité et laisse de côté ceux qui seront à jamais prisonniers de leur cage.

Malgré tout, je déplore le choix qu'on fait mes anciens amis, tout comme je regrette les illusions que j'ai pu nourrir au sujet de notre amitié. Je porte en moi un sentiment d'horrible trahison qui est peut-être, à lui seul, une peine suffisante pour ces illusions. Ils paieront, quant à eux, un prix autrement plus grand ; deux chemins sont ouverts à ces gens, qui font partie de la génération dont les enfants ont aujourd'hui une dizaine d'années : soit ils leur apprendront à haïr, nous-mêmes et tous les gens normaux, pour cacher l'inhumanité qui les a coupés du reste du monde, soit leurs propres enfants leur poseront un jour des questions qu'ils préféreraient ne pas entendre.

C'est horrible, tout ce qu'ils nous ont fait, à nous, à leurs enfants et à eux mêmes. En ce qui me concerne, ce n'est pas un problème, je leur pardonne tout, et je les plains. La vie se chargera du reste.

26 juin 1992

Parole d'honneur

Savez-vous quelle est la blague la plus noire que l'on raconte ici depuis hier ? Radovan Karadzic a promis au général MacKenzie que son artillerie ne viserait plus les objectifs civils à Sarajevo. Mais même pour MacKenzie, l'histoire ne s'arrête pas là : le centre de Sarajevo est un « objectif militaire, puisque la présidence de la Bosnie-Herzégovine y détient des armes ». Par conséquent cette partie de la ville n'est pas concernée par la promesse donnée. Pour comble de l'absurde, le bienheureux MacKenzie a déclaré tout cela à la télévision, considérant probablement qu'il a remporté là une victoire diplomatique, et l'anecdote a été reprise par de nombreuses chaînes mondiales.

Malheureusement, mon copain Reso Torlak n'était pas au courant de la *pax Karadziciana* . Durant de nombreuses années, les copains que nous avions en commun, et qui aujourd'hui se pavanent dans Belgrade, venaient manger et boire dans son restaurant. Reso est sorti avec son fils Neno, âgé de 7 ans, pour se procurer du pain, de ce pain sarajevien ensanglanté. L'obus qui ne doit plus viser les objectifs civils, parole d'honneur, a une fois encore atteint sa cible. Reso, ce colosse, a fait tout le nécessaire pour recouvrir de son corps son petit Neno, et s'il a échoué, c'est que seule une minuscule partie de la tête de son fils dépassait. Hier, Sarajevo a enterré le garçon, et la vie de mon copain ne tient qu'à un fil. Je me demande si cette nouvelle, qui a dû atteindre Belgrade entre-temps, a interrompu ne serait-ce qu'un instant le festin de ceux qui, d'innombrables fois, sont venus manger et boire gratis chez Reso, par exemple le jour de la naissance de Neno.

Ce général MacKenzie, qui nous a promis sur son honneur un cessez-le-feu, ne s'est pas arrêté là : « Si les Serbes ne tiennent pas leur parole cette fois-ci, notre confiance en leur parti sera sérieusement ébranlée. » Chapeau, mon général, à vous et à votre confiance stoïque dans « l'une des parties en conflit ». Evidemment que cette éventualité ne se produira pas, puisque vos antennes spéciales enregistrent assurément dès aujourd'hui que ce sont les chars des soldats bosniaques qui hier soir ont de nouveau tiré sur Dobrinja et sur le quartier de l'aéroport. Car qui d'autre a des chars, ici, si ce ne sont les bérets verts, les soldats d'Alija ? Puisque vos soldats, à l'occasion d'une nouvelle fuite vers Belgrade, y ont de nouveau aperçu des centaines et des centaines de Serbes déportés et tenus prisonniers dans la caserne de Lukavica, où ils sont maltraités par les musulmans et les Croates. Et puis, vous savez très bien que le petit Neno, tout comme cet autre garçon, Zdravko Hadzic, est mort hier sur une « mine » appelée « parole d'honneur ». Vous, mon général, savez également que votre gourou commun, Slobodan Milosevic, a déclaré hier au très charmant lord Piter que « la Serbie et les Serbes ne sont impliqués d'aucune manière dans la guerre en Bosnie-Herzégovine ».

Plus tard, autour d'un whisky *on the rocks*, il a probablement ajouté : « ... mais à supposer qu'ils le soient un petit peu, nul n'a le droit de les importuner là-bas... »

Et voilà. En cette « journée tranquille », les obus ne tombent plus que sur des « objectifs militaires ». Parmi eux, on compte également le plus grand dortoir sarajevien, Dobrinja, ainsi que le centre-ville proprement dit : ce sont des objectifs militaires notoires, inscrits dans tous les registres militaires du monde. Autrement, tout va bien. Il ne reste absolument plus rien à acheter. Même le marché noir tarit. Ce matin, j'ai vu des types qui proposaient mille cinq cents dinars yougoslaves pour un mark allemand. On leur a bien proposé quelques timbres [1] récupérés sur des vieilles lettres, mais ils n'en ont pas voulu. Leur sens de l'humour laisse à désirer ; si le phénomène se généralise, cela deviendra inquiétant.

La présidence de la Bosnie-Herzégovine annonce qu'un de ses membres, Ejup Ganic, se remet de son opération de l'appendicite. Mais on ne sait toujours pas comment se portent tous ces mômes blessés, opérés ou non opérés, aux jambes et bras amputés, dont le nombre n'a pu être établi que pour quatre arrondissements de Sarajevo : sept cent quarante-quatre.

---

1. En serbo-croate, « mark » et « timbre » sont désignés par le même mot.

27 juin 1992

Chiens de paille

Ils ne supportent pas la pluie. Depuis hier soir il pleut sans arrêt et ils ne sont pas contents, là-bas, dans les collines, derrière leurs canons. Depuis qu'il pleut, ils ne tirent sur la ville que tous les quarts d'heure. Pour marquer leur présence. Pauvres mecs, ils ne savent pas que plus rien ne peut les effacer de notre mémoire.

Mes copains Braco et Memica, emprisonnés depuis soixante jours dans leurs maisons à Dobrinja, avec leurs femmes et leurs enfants, feront un jour quelque chose de plus que de se souvenir. Je ne sais pas encore quoi, eux-mêmes ne doivent pas le savoir. Mais je souscris à tout, dès maintenant.

Le drame de Dobrinja est sans précédent dans l'histoire contemporaine. C'est là qu'était situé le « village de la presse » pendant ces jeux Olympiques d'hiver qui paraissent si lointains aujourd'hui. Une vingtaine de milliers de personnes y sont détenues dans un véritable camp de concentration. Ce sont pour la plupart des enfants de la ville qui ont dû se loger dans la banlieue, près de l'aéroport, car parvenus ont occupé le centre-ville. Karadzic, Mladic et, évidemment, Milosevic, ont fait de Dobrinja un « atout pour les négociations ». C'est ainsi qu'ils le formuleraient certainement eux-mêmes à la veille des négociations que Carrington, Cutilheiro et autres pions internationaux ont l'intention de poursuivre à notre sujet. Mais ils se réfèrent à un temps révolu, lorsque Sarajevo était encore une ville.

Entre-temps, de jour en jour, Dobrinja devient une épopée. Elle devient un argument contre les aveugles qui ne comprennent pas qu'une guerre lancée pour réaliser des divisions impossibles ne peut réussir. En l'entourant d'un cercle d'acier, des hommes barbares ont plongé Dobrinja dans la faim et la maladie, dans l'épuisement total.

Depuis des mois, les enfants de Dobrinja ont pour toute boisson du thé sans sucre. Si l'on peut appeler « thé » de l'herbe et toutes sortes de feuilles bouillies. Dans leurs appartements, les habitants de ce quartier cassent les meubles et les lattes de parquet pour faire du feu. On cuit des poignées de farine avec n'importe quelle graisse qu'on trouve. L'herbe plusieurs fois bouillie et de vieux sachets de thé sont séchés au soleil pour rouler des cigarettes. Nous qui vivons au centre-ville, dans nos trous et dans nos ruines, nous avons honte de nos pitances tirées de réfrigérateurs en panne d'électricité. Car nous savons comment on vit à Dobrinja.

Et ces idiots postés sur les collines croient que mes copains et tous ces inconnus de Dobrinja leur serviront d'atout dans les négociations. Mais de quelles négociations parlent-ils ? Et de quel atout ?

Ce qu'ils ne savent pas, c'est qu'hier, à Dobrinja, si désespérée et si affamée, on chantait. Qu'on y écrit à la main et qu'on imprime, Dieu sait comment, des tracts. Qu'on échange des messages. Qu'il y a là-bas un fax qui fonctionne. *Oslobodenje* y est reçu page par page, ainsi que des coupures de presse étrangère. Tout cela circule sous le couvert de la nuit, de fenêtre en fenêtre, de balcon en balcon. Les agresseurs ne savent pas que la décision *Rester à Dobrinja jusqu'au bout* est un serment solennel. Car on ne marchande pas avec ces gens-là. Ce ne sont pas de pauvres gens. Ils savent ce qu'est Sarajevo et ce qu'elle sera à l'avenir.

Le psychopathe Karadzic a cru qu'il valait mieux vider Dobrinja pour y installer ses partisans. De manière générale, y faire venir ceux qui aiment emménager dans les maisons des expulsés. Du côté de Milosevic et de Karadzic, on le sait, nombreux sont ceux qui aiment s'installer dans des maisons, des appartements et des lits qui ne leur appartiennent pas.

Mais avec Dobrinja cela ne marche pas. Vous vous rappelez le film *Chiens de paille* et le rôle de Dustin Hoffman, comment il défend ce qui est à lui ? Que croient donc ces sauvages ? Que l'on quittera facilement Sarajevo pour un exil incertain, pour l'étranger ? Au nom de quoi ? Pourquoi ? Parce qu'un fou a trompé le monde et se présente partout comme un homme politique, comme le leader d'un parti et d'un peuple ? Pareilles bêtises peuvent peut-être tromper un monde repu devenu sénile. Mais elles ne marchent pas avec les Sarajeviens, ni avec les gens de cœur qui sont les plus nombreux à Dobrinja.

29 juin 1992

Roue de secours

On a fini par s'habituer à ce que les gens meurent inutilement et que l'on n'arrive pas à trouver une logique à ce qui se passe. Il nous faudra maintenant apprendre que nos espoirs eux aussi sont futiles : le drapeau bleu hissé sur l'aéroport, les casques bleus autour de la piste et plein, plein de canons noirs à cent ou à deux cents mètres de là.

Les chars et les canons se sont retirés de l'aéroport ? Conte pour enfants ou pur mensonge. Evidemment, sauf pour ceux qui font davantage confiance aux rapports des Nations unies qu'à leurs propres yeux. Or, de nos propres yeux, à Sarajevo, hier soir et ce matin, on pouvait voir que l'aéroport restait inaccessible. Les chars sont maintenant installés dans les tranchées à un jet de pierre de l'aéroport, leurs canons sont tournés vers l'aéroport et vers le quartier résidentiel de Dobrinja. Les « bleus », imperturbables, regardent d'une distance de vingt mètres le véhicule de transport blindé qui tire implacablement sur Dobrinja. Mettre le nez dehors signifie là-bas, aujourd'hui comme hier, risquer sa vie.

Je ne sais pas ce que feront ces mille soldats canadiens qui doivent arriver en renfort « logistique » pour l'« opération aéroport ». Mais je sais qu'ici personne n'ose demander à quand les routes libres et le voyage vers la mer, à quand la libre circulation entre les parties de la ville où sont restés nos proches, à quand la possibilité de rester dans la rue après dix heures du soir, même pour ne rien faire, simplement pour le plaisir. Si quelqu'un croyait que l'ouverture d'une piste de béton pour l'acheminement de la farine et du riz suffirait à mettre les points sur les *i* des événements bosniaques, il y a eu un malentendu.

Et il faudrait y remédier, par quelque moyen que ce soit. Cela paraît brutal, mais notre réalité ne l'est pas moins. A la place de la farine, nous souhaitons, coûte que coûte, obtenir autre chose. Si cela n'est plus possible, car quelqu'un aurait déjà promis à certains messieurs de l'air pur pour les quartiers serbes de Pale, qu'on nous le dise franchement.

Ce matin, on a commencé, brusquement, à nous nettoyer le centre-ville. Les employés de l'entreprise « Park » tondent le gazon (d'où vient le diesel pour les machines ?), ils balaient des amas d'éclats de verre sur les trottoirs, enlèvent des kilomètres de fils qui pendent du ciel, restes de ces réseaux électriques pour les tramways et les trolleybus. Les camions emportant des tonnes d'ordures sillonnent la ville, les coins de rues enlaidis commmencent à briller d'une fraîcheur retrouvée.

Quelqu'un a dû se reprocher d'avoir montré une ville délabrée à Mitterrand. Que pensera-t-il de nous ? Il ne faut pas que cela se reproduise avec le Premier ministre britannique, lorsqu'il aura décidé de nous rendre visite. On nous connaît pour notre hospitalité, voyons ! Il est vrai que nous voici un peu tristes dans l'âme, mais cela ne veut pas dire qu'il faut offrir aux autres une vue délabrée. Et puis, telles que les choses se présentent, nous avons toutes les chances d'entrer dans une société où les champs fleuris à l'extérieur sont plus importants que le désert intérieur. On dit que cela s'appelle la civilisation.

En effet, il est peut-être temps de se débarrasser de notre ancienne vie. Mon copain Minja l'a dit récemment, un peu nostalgique malgré tout : « Il faudrait faire comme avec la voiture. Tu montes la roue de secours et tu poursuis ton chemin. » Le seul inconvénient est qu'ici, en Bosnie, cela n'est pas valable. Il n'y a plus de routes ni de roues de secours.

Une journée curieusement normale commence aujourd'hui. Il fait beau. Les tirs ne dépassent pas notre mesure habituelle. On nous ment ni plus ni moins que d'habitude. Les faire-part ressemblent à ceux d'hier. Voilà, à l'instant, on vient de tuer un homme sous la fenêtre d'*Oslobodenje* . Qui sait, peut-être que d'ici ce soir quelqu'un parviendra à le ramasser et à l'identifier. Si ce n'est pas aujourd'hui, un de ces jours en tout cas. Sous réserve que l'une des voitures blanches de la FORPRONU qui n'arrêtent pas de se balader par ici ne l'écrase pas. Où vont-elles, en effet, toutes ces FORPRONU ? Elle doivent circuler entre le gazon tondu du centre-ville et l'aéroport « ouvert » où arriveront bientôt, comme on nous le dit, la farine, le sucre, et peut-être même les tablettes de chocolat au Coca.

2 juillet 1992

Boîtes de conserves

Il y a des gens à Sarajevo qui savent déjà quelle boîte de viande est la meilleure : de l'italienne ou l'allemande. Ils savent comment sont emballés le beurre et la « simple » margarine. Mais beaucoup d'autres, la grosse majorité, ne savent toujours pas ce qu'est de la viande en boîte. Ou à quoi ressemble le beurre étranger. Qui plus est, ces derniers ne savent pas comment les premiers le savent. Je plains ceux qui ne savent pas cela.

Ni moi ni mes copains n'avons encore vu ces boîtes, mais nous savons d'où les tiennent ceux qui en profitent. Ils en trouvent au même endroit que l'essence pour parcourir la ville ravagée. Au même endroit, on peut vous rétablir votre ligne téléphonique, tandis que chez les autres le téléphone s'est tu définitivement. C'est là que l'on trouvait de la viande alors que les autres avaient oublié à quoi elle ressemblait.

C'est la vie. C'est la guerre. C'est la vérité sur les gens d'ici, pareils aux autres, n'importe où au monde. L'illusion de l'héroïsme collectif, de l'honnêteté collective et de tout ce qui est collectif ne tient pas debout. A Sarajevo, elle s'effondre comme un château de cartes, même si le temps de guerre est un temps de souffrance collective. Les émotions y sont communes, alors que c'est impossible en temps normal.

Aujourd'hui comme hier, Sarajevo est la ville des gens comme les autres, des faibles et des héros, des petits et des grands lâches et malfaiteurs, des pickpockets et des gros poissons. Les uns sont dans la guerre comme des coqs en pâte, les autres sont écrasés par leurs peines jusqu'à la paralysie et au désespoir absolus.

Mais une ville, où qu'elle soit, possède sa propre intelligence, sa propre logique. Et elle n'accepte pas qu'on lui viole sa raison. La manipulation flagrante qui consiste à nous livrer des boîtes de conserves ne passera ni chez les Sarajeviens honnêtes ni chez les autres. Tel est le dernier sentiment « collectif » qui range du même côté tous les habitants de cette ville.

Les Français et les Canadiens sont arrivés aujourd'hui à l'aéroport de Sarajevo pour assurer l'approvisionnement régulier des contrebandiers en boîtes de conserves. Ce qui en reste sera distribué aux honnêtes gens. Mais ces mêmes casques bleus ne réussiront pas à défendre l'idée d'un « mur de Sarajevo » que l'on souhaite ériger ici. Pour être plus précis, l'ouverture « humanitaire » de Sarajevo ne peut, à elle seule, amnistier les criminels de ce qu'ils font ici ou à mille autres endroits de Bosnie-Herzégovine. Cela ne suffira pas à leur faire pardonner l'immense tragédie dans laquelle ils ont précipité notre univers.

Ces derniers jours, il est vrai, nous avons balayé les rues et nettoyé un peu nos parcs. Nous avons abattu tous ces arbres séculaires touchés par les obus des collines. Il y a un peu d'électricité et d'eau. Ainsi, nous n'aurons pas l'air de sauvages quand lord Carrington viendra nous voir en « mission pacifique », comme l'a fait Mitterrand. Ce vieux monsieur sera agréablement surpris des « travaux d'aménagement » réalisés entre-temps. Malgré la situation, il boira son verre de whisky. On lui trouvera quelque chose à manger, même si l'on ne peut pas lui offrir de *çevapi* [1], notre spécialité. Mais une fois accomplis les gestes de bienvenue, il lui faudra répondre à la question : « Pourquoi êtes-vous venu ? » Pour faire s'asseoir autour d'une même table les « trois parties en conflit » ? Nous dire : « Vous avez reçu les boîtes de conserves, acceptez maintenant la division » ?

Mais cela ne se pourra pas. Toutes ces grandes boîtes périmées, toutes ces cartouches de Marlboro, ce Coca et ce chocolat n'y feront rien. Monsieur Carrington doit savoir combien de nos frères et sœurs, combien de nos meilleurs amis et d'inconnus courageux périssent depuis quatre-vingts jours dans le ghetto constitué de Grbavica, du quartier de l'aéroport et d'une partie de Dobrinja. Et cela parce que lui, en personne, a soutenu des idiots dans l'idée que cela leur appartenait. Sait-il combien de gens ont été sauvagement assassinés parce que les différents lords pensaient que l'on peut maintenant faire ici ce qui ne s'y était jamais produit auparavant ? Il ne le sait pas. Sinon, il ne viendrait pas ici autrement qu'en touriste, boire une bière et manger nos *çevapi.* Mais une visite pareille devra attendre. Il sait pourquoi. Nous survivrons sans boîtes de conserves s'il le faut. D'ailleurs, elles n'ont rien de comparable avec nos *çevapi,* que nous voulons fabriquer nous-mêmes, comme auparavant.

1. Boulettes de viande hachée et grillée.

L'immeuble d'Oslobodenje en juillet 1992.

Zlatko Dizdarevic à la mairie de Sarajevo.

Oslobođenje est affiché pour que les passants puissent le lire.

Le quartier Pofalici n'existe plus.

Prière pour les morts au quartier Butmir (juillet).

Oslobodenje en décembre 1992.

Membres de la FORPRONU évacuant les enfants invalides de Sarajevo.

Aux cimetières, on coupe le bois de chauffage.

Sous les tirs des snipers, l'eau signifie la vie.

Goran Jovanovic et Zlatko Dizdarevic à la gare centrale de Sarajevo (juillet).

Les assiégés s'approvisionnent en bois de chauffage dans les cimetières de Sarajevo.

Tombes à Dobrinja.

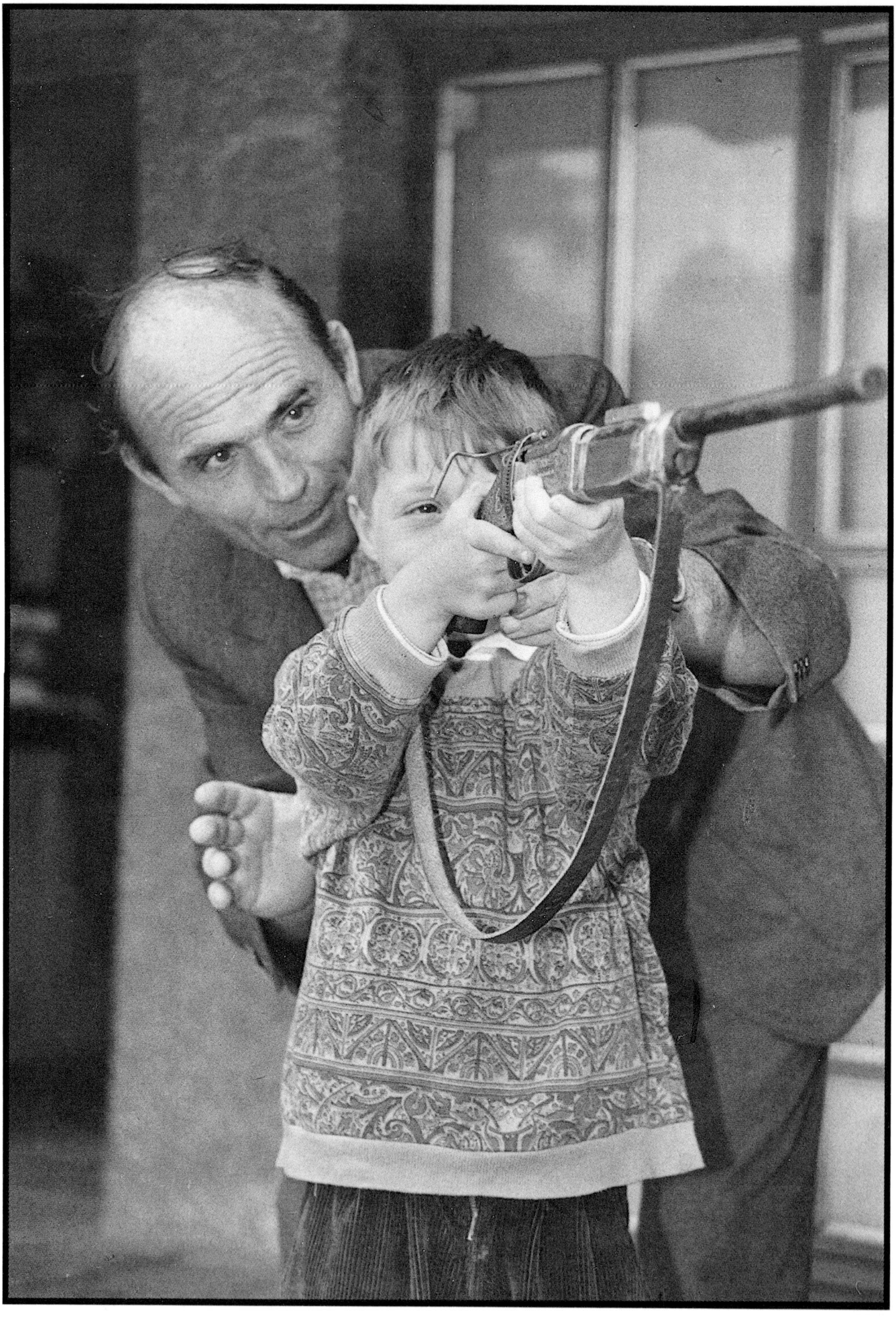

Le quartier Hrasnica.

3 juillet 1992

Les gens de bon cœur

Le monde est petit et plein de gens de bon cœur. En plus d'une masse d'idiots, évidemment. La différence entre les uns et les autres est que les seconds ont une incroyable facilité à se reconnaître vite et sans erreur, à se mettre ensemble et à ne plus se lâcher. Le premiers, les bons, sont dispersés un peu partout. Il faut les découvrir, les repérer, s'étonner à chaque fois que l'un d'eux vous passe sous le nez, toujours inattendu. C'est cela peut-être qui rend leur existence d'autant plus belle, plus importante.

De l'obscurité absolue du désespoir et de la solitude, ces grandes âmes émergent comme une preuve que tout n'est pas perdu et qu'il faut persévérer. C'est justement au moment où le sentiment de solitude commence à vous envahir qu'ils trouvent un nouvel élan.

Ce matin, j'ai observé dans la rue une vieille qui venait de sortir de l'argent d'un vieux sachet de papier pour acheter du pain. Elle essayait d'en trouver pour une seconde miche, mais comme il n'y en avait pas assez, elle allait repartir résignée. Le vendeur, un jeune d'à peine vingt ans, a pris un pain dans son panier et l'a mis dans le sac de la vieille. Un homme qui faisait la queue a puisé dans sa poche, a sorti un peu d'argent et a tenté de le donner à la vieille. Elle n'en voulait pas : « Le pain, c'est différent, merci, mais l'argent, ça, je ne peux pas. J'ai mon argent, seulement, ce n'est pas assez pour acheter tous les jours deux pains, pour moi et pour les miens. J'ai honte... » Evidemment, il ne faut pas avoir honte par les temps qui courent. Mais comment s'y habituer, c'est une autre question...

Suad Kovac, un homme hier complètement inconnu, est devenu pour des milliers de Sarajeviens un personnage providentiel. S'il y avait du café et des journaux pour tous et si les temps étaient normaux, toute la ville ne parlerait ce matin, autour du café et des journaux, que de Suad.

L'homme avait deux valises pleines de billets provenant de l'époque où sa petite entreprise « Kovac », gérée avec son frère, marchait bien. Il a sorti ses deux valises devant le peuple de Mejtas, un quartier dévasté et affamé de Sarajevo. Ceux qui n'ont aucun revenu ainsi que ceux qui touchent moins de dix mille dinars par mois pouvaient se mettre dans la queue et prendre de l'argent. Suad l'avait préparé simplement pour aider les plus démunis. Pas au hasard, mais suivant des listes qu'il a établies et vérifiées selon un seul critère : qui sont ceux de Mejtas qui ont de l'argent, et ceux qui n'en ont pas.

« L'aide ponctuelle », comme il l'a appellée, se monte à dix-sept mille dinars. Dix-sept milliards, comme le diraient les plus âgés que lui. « L'argent divin », l'appelleraient les plus vieux. Au moment où la nouvelle m'est parvenue, plus de trois cents personnes se précipitaient déjà vers des boutiques pour acheter quelque chose avec l'argent de Suad. Peu importe quoi, pourvu qu'on mange enfin.

Le bienfaiteur annonce de l'argent pour cinq cents nouvelles personnes aujourd'hui. Il y en aura encore. Et il ne pense pas que c'est une histoire pour les journaux. « Je ne le fais pas pour qu'on en parle, mais pour que les gens aient quelque chose, puisque moi, j'ai suffisamment. Quand on en aura nous-mêmes besoin, mon frère et moi, on en gagnera, pourvu qu'on garde la tête sur les épaules... »

Ce qu'on lirait également dans les journaux et autour d'une tasse de café, si on pouvait se procurer des journaux et du café, c'est que les chauffeurs de taxi travaillent gratis à partir d'aujourd'hui, qu'ils vous emmènent où vous voulez dans Sarajevo et ainsi jusqu'à la fin de la guerre. Ils l'ont promis hier au maire de la ville. Je connais bien les chauffeurs de taxi sarajeviens, il n'auront pas de mal à compenser le manque, le jour venu.

Un homme raconte comment hier soir, la nuit tombée, il a arrêté un taxi dans la rue et lui a demandé, redoutant le refus, de l'emmener « au plus près de Dobrinja ». Le chauffeur, pied au plancher, lui a sifflé à l'entrée dans Dobrinja : « Baisse-toi ! » Ils sont arrivés. Lorsqu'un mec de notre barricade a demandé au taxi ce qu'il faisait dans ces lieux par trop dangereux, le chauffeur lui a répondu, paraît-il : « Eh bien ? Il n'y allait pas par plaisir, mais par devoir. Fallait bien l'aider. »

Il en est ainsi des hommes de bon cœur à Sarajevo : ils ne le sont pas par devoir, mais pour l'amour du beau.

4 juillet 1992

Les mouches et les loups garous

Et ça recommence ! Le lord est venu, puis il est reparti avec sa suite. Izetbegovic a enfin cessé de s'intéresser davantage à l'hospitalité et aux largesses internationales qu'à la réalité cruelle qui s'abat sur son Etat. Des tapis brûlants d'obus ont de nouveau fondu sur la ville, et les semi-hommes nocturnes, dévalant les pentes des collines, ont tenté une fois encore de se faufiler parmi les êtres humains.

Le reste, c'est du déjà-vu. Les petits blindés blancs, en nombre considérablement plus grand qu'avant, manifestent leur « force » en parcourant la ville dans tous les sens comme des mouches. Leur carapace fourmille de schtroumpfs avec des masques de plongée cocasses sur la tête et d'énormes gants jaunes sur les mains. S'abritant sous le drapeau bleu, ils oscillent d'un bout à l'autre des vastes avenues parsemées de briques, d'éclats de verre, d'obus et de souffrance humaine. Dans cette course insensée, ils n'ont probablement pas le temps de remarquer l'ironie douce ou même le mépris qui s'affiche sur les visages de ceux qu'ils sont venus défendre. Je peux imaginer le mépris que devaient éprouver les « troupes » des collines lorsqu'elles ont arrosé de tirs de *snipers* les « bleus », dans leur accoutrement rocambolesque, au moment où ils s'installaient dans ce qui reste de l'hôtel Holiday Inn au cœur de la ville.

Quant aux autres événements d'hier, rien d'inattendu. Le dénommé Radovan Karadzic[1], avec ses nains, a réitéré ses tentatives de ridiculiser le monde entier, parfois avec succès. Il a d'abord essayé de s'introduire dans la ville, au siège de la FORPRONU, évidemment sous la protection du drapeau bleu, et d'y « négocier » avec le lord. Celui-ci, du haut de son sang bleu, ne doit vraiment rien comprendre de ce qui se passe ici. Soit il a eu peur, soit quelqu'un lui a soufflé l'idée qu'un homme qui serait recherché comme criminel ne pourrait certainement pas se promener librement en ville, fût-ce sous la protection du drapeau bleu. Ensuite, Karadzic a invité la noblesse à Lukavica pour lui dicter là-bas les conditions d'un cessez-le-feu. Chez nous, à Sarajevo, on a appris que la créature Karadzic souhaite transformer la Bosnie-Herzégovine en confédération, et que le lord a compris que ce n'était pas possible. C'est pourquoi, aux journalistes étrangers (les nôtres n'y étaient pas, car on sait bien qu'ils ne seraient pas repartis librement de Lukavica : soit ils auraient péri d'un coup de couteau, soit ils auraient dû attendre d'être échangés), il a annoncé qu'il avait passé un après-midi décevant. Nous compatissons sincèrement. Mais puisqu'il paraît qu'il y a eu suffisamment de whisky, je ne comprends pas pourquoi le lord serait déçu. D'autant plus qu'il n'a même pas visité la ville. C'est là qu'il aurait vu des choses qui l'auraient déprimé,

1. Leader des extrémistes serbes de Bosnie-Herzégovine.

à moins qu'un tel état psychique n'existe pas chez les gens qui possèdent autant de sang bleu et glacial que notre lord.

La guerre continue donc, en dépit des sandwiches que le monde essaie de nous acheminer pour alimenter le marché noir et pour engraisser la bureaucratie. Quant au commun des mortels, il pourra à l'avenir comme de par le passé acheter ses colis à un prix fluctuant. Hier, par exemple, au marché du centre-ville, un paquet pour deux jours de survie, arrivé il y a quelques heures par un Hercules, coûtait exactement cinquante-quatre mille dinars. Un paquet de cigarettes coûtait mille huit cents dinars pour des York ou deux mille quatre cents dinars pour des Marlboro. Les gens qui figurent toujours sur les listes des fonctionnaires d'Etat, parce qu'on ne sait plus trop qui devrait les licencier, en dépit du fait que ce sont eux qui ont mis le pays dans l'état où il est aujourd'hui, reçoivent ces paquets et ces cigarettes plus simplement et à moindre prix. Ils se contentent de venir les chercher dans les entrepôts qu'ils ont ouverts eux-mêmes pour que « les choses n'échappent pas au contrôle ».

Guère de nouvelles, donc, de Sarajevo. Ils ont de nouveau attaqué les ruines d'*Oslobodenje* (qui, néanmoins, paraît toujours) avec toutes sortes d'armes, et même avec des fantassins. Nous avons échangé quelques invectives, peu avant l'aube, dans l'obscurité évanescente. Mais, comme tous les loups-garous, effrayés par la lumière, ils se sont enfuis. C'est vraiment incroyable de voir à quel point ils ne supportent pas la lumière du jour.

Il fait beau, la ville et le sol frémissent. Le mark a dépassé ce matin deux mille dinars (encore faudrait-il savoir quels dinars), un kilo de patates coûte quatre marks. Et nous persévérons, dans l'attente de la nuit et d'une nouvelle rencontre avec les loups-garous. Il y aura clair de lune, donc ils viendront.

5 juillet 1992

La tour jaune

Durant ces quatre-vingt-dix jours de guerre en Bosnie-Herzégovine et de siège de Sarajevo, nous avons vu de tout. Mais ce qui s'est produit sous nos yeux, à Sarajevo, 21, rue des Donneurs-de-sang... Nous avons suivi cet événement, qui dépasse probablement tous les défis imaginables à l'ordre internationalement convenu, comme un match de foot, un film ou un numéro de cirque.

Une vingtaine de minutes de feu nourri sur un grand immeuble résidentiel au cœur de la ville. La manière de procéder en cette journée ensoleillée de juillet, à quelques centaines de kilomètres de Rome, de Venise, de Florence, de Paris, de Vienne ou d'Athènes, rend toute mention de l'ordre international superflue. Cette fois-ci le monde policé qui ne reconnaît dans les guerres que ce qu'il voit, les faits établis, enregistrés et prouvés, ne pourra pas trouver à y redire. Les caméras de la télévision ont enregistré et diffusé les vingt minutes de pilonnage de cet énorme immeuble jaune.

Les experts militaires savent déjà qu'un « membre de l'une des parties en conflit » (comme n'arrêtent pas de le répéter les différents observateurs de l'agression contre la Bosnie-Herzégovine, y compris certains vaillants journalistes étrangers) a tiré sur cet immeuble avec un canon antiaérien de quarante millimètres. Il savent aussi que cinquante-six trous marquent la façade de l'édifice, ceux causés par l'entrée directe des projectiles dans les appartements n'étant pas encore comptés. Les locataires de l'immeuble qui resteront en vie, symboles du surréalisme sarajevien, savent également qu'entre le dixième et le dix-huitième étage aucun appartement n'a été épargné.

Les tirs, les trous et la fumée ont déjà été vus mille fois à Sarajevo. Mais la manière de procéder est nouvelle. Le fou furieux assis derrière le canon a fait son « travail » de telle façon que toute interprétation devient inutile. Il a commencé ses noces sanglantes froidement, tirant au début un peu au hasard et ensuite avec une précision diabolique. Il a commencé par le dix-huitième étage, descendant systématiquement étage par étage, fenêtre par fenêtre, appartement par appartement, mur par mur. Il le faisait avec une préméditation sadique, laissant aux gens à l'intérieur juste le temps de se dire que c'est peut-être fini, qu'ils seront épargnés.

Dans ce prétendu cœur de l'Europe, ce canon de quarante millimètres a sublimé calmement et avec une prétention imbécile tout ce que « ces gens » souhaitent « dire » au reste de la planète : « C'est nous qui tirons, et alors ? Allez vous faire voir avec votre “culture”, on sait ici qui est le maître de la vie et de la mort ; et d'une pour vos points de vues et pour vos résolutions ; et de deux pour vos casques bleus et autres ; et de trois pour tout ce que vous voulez permis et pas permis. »

Journal de guerre

Chacun de ces cinquante-six trous dans la façade de l'édifice est un trou dans le prétendu « ordre des choses » que nous croyions réel. C'est une preuve manifeste de la victoire du Mal et de l'impuissance du Bien, du triomphe du chaos sur l'ordre, de la défaite de l'humain devant la bestialité.

Lorsqu'on voit se produire sous nos yeux ce qui « ne pourrait se produire nulle part au monde », on est envahi par un sentiment d'impuissance et de détresse. L'animal derrière le canon ricane sadiquement et choisit avec une jouissance infinie la fenêtre de l'appartement ou il tuera une, deux, cinq, peu importe combien de personnes.

Pourquoi croyions nous que « nulle part au monde » cela ne pouvait arriver ? Parce qu'on nous a appris qu'il fallait respecter un certain ordre des choses. Si un tel acte est possible aujourd'hui, c'est parce que cet « ordre des choses » est mort à Sarajevo. L'enterrement est l'un des plus tristes de la planète depuis des décennnies. Non par le nombre de victimes, mais par le nombre d'idéaux ensevelis.

Enfin, dans l'histoire de la tour jaune, il y a un point sans importance pour le fou furieux, mais capital pour nous : d'un amas de briques, de béton, de verre et de métal, on a sorti un bébé de dix jours. Sain et sauf : pour retenir ce qu'on lui racontera sur son dixième jour de vie, pour en faire ce que bon lui semblera. Evidemment, si le bébé ne sombre pas lui aussi dans le nouvel « ordre » mondial.

6 juillet 1992

La « libération » de Grbavica

Radovan Karadzic, ce fasciste en comparaison duquel tout membre des SS n'est qu'un personnage de conte pour enfants, ne perd pas une seconde pour faire avancer son projet monstrueux de purification des territoires qu'il a proclamés siens. La communauté internationale, mais aussi les gens qui vivent à quelques centaines de kilomètres de notre enfer, affichent une indifférence inconcevable. Il y a trois jours, ce monstre de Karadzic a fait savoir au monde entier, en plus de toute une série de choses incroyables, que « pendant trois jours il ouvrira les frontières pour que les Serbes puissent quitter librement la partie musulmane de Sarajevo et se rendre où ils le souhaitent, la même chose étant valable pour tous les autres ». Cette créature politico-terroriste a montré, une fois de plus, qu'elle était prête à réaliser ses promesses néfastes.

Hier et aujourd'hui, musulmans et Croates affluent, de plus en plus nombreux, vers la zone libre de Sarajevo. Ils portent des balluchons, ils ont tout laissé derrière eux pour sauver leur tête. On les voit arriver par les ponts qui auparavant reliaient les deux rives de la Miljacka, et qui aujourd'hui les rendent infiniment distantes. Ces exilés nous racontent des histoires inouïes et difficiles à situer dans notre temps et notre espace. D'ailleurs, chacune des histoires qui secouent aujourd'hui Sarajevo a cette qualité supplémentaire d'être totalement, absolument incroyable dans le contexte historique et spatial où elle se produit.

Pour les musulmans, les Croates et les Serbes « désobéissants », Grbavica est un ghetto au sens propre du terme. Et même plus qu'un ghetto : Grbavica est un camp. Au début, les tortures se limitaient aux incursions nocturnes d'idiots portant un bas sur le visage, qui dévalaient les pentes de Trebevic pour regagner leurs grottes avec les premiers rayons de soleil. Par la suite, ils se sont mis à prendre maison par maison, quartier par quartier, interdisant toute « circulation inutile » aux locataires des maisons conquises. Un jour, ils ont atteint la rive de la Miljacka et s'y sont cantonnés, fermant le cercle pour ceux qui étaient restés dans Grbavica – soit parce qu'ils ne croyaient pas que tout cela pourrait se produire, soit parce qu'ils ne voulaient pas quitter leur foyer et tout ce qu'ils avaient mis des décennies à acquérir.

Seuls les Serbes « obéissants » avaient l'autorisation de sortir pendant la journée pour faire leurs courses. Tout Serbe qui n'avait pas répondu à la mobilisation de « l'armée serbe » était systématiquement poursuivi, et un régime de camp de concentration fut introduit pour les musulmans et les Croates. L'« obligation de travail » signifiait que tous les jours, les gens étaient emmenés faire des travaux physiques, creuser des tranchées, construire des barricades, ou pour le moins nettoyer les rues, surveillés par des gardes braquant leurs armes sur eux.

La suite était prévisible : ils ont commencé à embarquer les gens massivement dans des camions, et c'est là qu'on perd la trace de beaucoup d'entre eux. Les plus courageux, ou ceux dont les nerfs avaient craqué, se lançaient dans des tentatives de fuite par la rivière. Les monstres tiraient sur eux, ou immergeaient dans l'eau des câbles à haute tension. C'était le bouquet !

Et ce matin, pour ceux qui ont abandonné tout espoir de sortie, on a levé les rampes. M. Karadzic a « tenu sa promesse » faite au monde entier : il a « laissé partir » tous ceux qui voulaient « sortir ». Ainsi, il a réalisé un objectif qu'il ne pouvait pas atteindre à Sarajevo de la même manière qu'il l'a fait le long de la Drina : d'égorger et de mutiler tout ce qui n'était pas serbe. Grbavica lui appartient désormais, et il trouvera bien quelque chose pour ceux qui ne veulent toujours pas sortir, un moyen approprié pour se montrer « humain et démocratique » comme le souhaitent les concepteurs de la théorie des « deux parties en conflit à Sarajevo ».

8 juillet 1992

Les peines des ventres bosniaques

C'est une journée d'été, longue, monotone, ennuyeuse. Pas la moindre distraction. Dans la rue, lorsqu'on se croise, on ne se demande pratiquement plus rien. Imaginez à quel point cela paraît stupide de demander : « Comment ça va ? » « Tu vas bien ? » « Comment vont les tiens ? » En passant, on se contente d'un hochement de tête, et chacun poursuit sa propre peine. Dans ce contexte, on ne peut qu'envier ceux qui ont des nerfs solides, ceux qui n'ont pas perdu leur sens de l'humour et ceux qui réussissent à poursuivre une quelconque activité. D'une étrange manière, ce sont ces gens-là qui empêchent la ville de couler. Ils lui maintiennent la tête hors de l'eau, juste ce qu'il faut pour survivre tant qu'aucune barque, aucun navire n'accostera avec de nouvelles bouteilles d'optimisme et de force intérieure comprimée.

Mais cette journée d'hier se singularise par trois nouvelles : la première nouvelle, c'est qu'il n'y a plus de bousculade devant les bureaux d'arrondissement où les militantes sociales-réalistes vivent leur seconde jeunesse.

Penchées sur des listes d'aide américaine et de tickets de rationnement, les lunettes sur le bout du nez, mâchant crayons, gommes et autres ustensiles, elles affichent une satisfaction sans borne du fait que l'appellation « camarade » refait surface. Elles font leur entrée en force sur la scène municipale et n'ont aucun problème à se faire accepter par les nouveaux propriétaires de petits paquets en plastique où on lit « *beef stew* », « *chicken and rice* », « *ham slice with natural juice* », « *sherry nut cake* »....

Au petit matin, les rares téléphones des bureaux de la municipalité sont utilisés à chercher quelqu'un qui sache traduire ce qu'il faut faire du sachet en plastique marron contenant un mélange non identifiable, ni liquide ni solide ni gazeux, et sur lequel il est écrit « *beef stew* ». Les plus audacieux parviennent à forger l'idée qu'une brochette et un demi-pain avec beaucoup d'oignon ne tiendraient jamais dans un sachet aussi petit. La magie américaine en carton et en plastique déçoit aussi du fait que les paquets ne contiennent pas une goutte de bière. Le sachet avec l'ersatz de café ne permet même pas de faire du thé, sans parler du vrai café turc bien noir.

Mais les gens s'affairent : acquisition, transport, traduction. Et la bouffe, évidemment ! quelle joie qu'il nous reste encore du pain de chez nous pour accompagner les « *spaghettis with meat and sauce* » américains auprès desquels notre pain fait figure de dessert.

La deuxième nouvelle n'en est pas vraiment une. Pendant toute la nuit, ils ont tiré sur l'immeuble du journal, et ce matin ils ont incendié la partie où se trouvaient les grands ateliers, le dispensaire, le bureau de poste, et l'immense restaurant que nous appelions le « restaurant de cuir ». Ils ont tué l'homme qui gardait l'entrée de l'immeuble et pendant toute la matinée les *snipers* ont empêché les pompiers d'éteindre le feu. A cent mètres de là tout au plus se trouvent plus de sept cents Canadiens de la FORPRONU. Le commandant de notre caserne, qui héberge les « bleus », dit, non sans agitation, que les hommes de la FORPRONU se sont rendus devant l'immeuble d'*Oslobodenje* à la première heure, à cause de l'incendie qui embrasait le bâtiment, pour demander : « Les soldats de l'armée acquise à Alija Izetbegovic[1] ont-ils pris part à l'assaut ? » Ils ont examiné nos lance-roquettes et nos canons, puis sont partis prendre leur petit déjeuner. On leur a servi du lait, du café, du chocolat chaud et du thé au citron. Puis du fromage, du jambon et du beurre. Ensuite, du bifteck saignant avec de la salade verte et des tomates, de la mousse au chocolat et du pudding. Ils nous ont offert de partager leur petit déjeuner. Je leur ai dit que ce n'était pas nécessaire, mais que je les remerciais de leur invitation. « Mais pourquoi ne voulez-vous pas ? » m'ont-ils demandé. « L'été approche, on est au régime pour pouvoir se montrer sur la plage » ai-je répondu, avec un sérieux inébranlable. Imperturbables, ils l'ont accepté.

La troisième nouvelle est quelque peu insolite. J'ai vu un horloger ouvert. L'insolite ne réside pas dans le fait qu'une boutique soit ouverte, mais qu'il y ait encore ici des gens qui s'intéressent au temps, des gens qui, peut-être, savent quelle heure il est.

Quant aux nouvelles secondaires : on tire, on tire horriblement.

1. Président de la Bosnie-Herzégovine.

11 juillet 1992

La ville est derrière le coin de la rue

Une quantité de nourriture et de boissons absolument inimaginable par les temps qui courent – sans parler de la « composition » du festin – est arrivée de Split, dans une Golf. Mes nouveaux invités, Boris et Zeljko[1], m'ont lancé, un peu avant minuit : « Demain il faudra retrousser tes manches pour nous convaincre que la guerre ici, c'est vraiment ce que tu nous racontes... »

Ce matin, nous avons d'abord dû sauver nos têtes prises sous les balles d'un *sniper* qui nous avait choisis pour cible, pour nous retrouver ensuite devant une voiture folle, victime de cette même « damnation à lunette ». Notre traversée de la ville jusqu'à l'immeuble d'*Oslobodenje* nous a bien mis dans l'ambiance. Promptement et violemment, nous sommes revenus à la réalité.

La ville entière semble tapie derrière les coins de rues, à proximité des carrefours. On dirait que les gens ne bou-

1. Respectivement journaliste et photo-reporter du quotidien *Slobodna Dalmacija* de Split.

gent pas de là, qu'ils y sont du matin au soir. Parfois, on se dit que ce sont en fait les mêmes personnes que l'on y a vues hier. Les visages sont les mêmes, aux regards effarés tournés vers les collines d'où agit le *sniper*, partout la même crispation de l'incertitude – le moment est-il opportun pour se lancer dans cette « roulette russe » qu'est devenue la traversée d'une rue ?

A la place des obus qu'ils réservent désormais aux opérations nocturnes, les tueurs des collines contrôlent chaque carrefour par *snipers* interposés. Le plaisir exquis consiste visiblement en un jeu sanguinaire dont le but est d'arrêter ces quelques autobus urbains qui ont, ces derniers jours, tenté de créer l'illusion de temps un peu meilleurs à Sarajevo.

Il est vraiment difficile de comprendre d'où vient la capacité de faire ce que les *tchetniks* font avec des *snipers*. Quelle est la structure mentale nécessaire pour s'asseoir dans un fauteuil volé, installé dans l'un des bois d'où l'on voit parfaitement les rues de Sarajevo, pour poser par terre une boîte de balles dum-dum et l'inévitable bouteille de Slivovitz tiède et se lancer à la recherche de la victime. La distance fait qu'on ne distingue pas entre les jeunes et les vieux, les hommes, les femmes et les enfants. Bien évidemment, la nationalité ne joue aucun rôle. L'important c'est que la balle arrive au niveau de la tête, qu'elle soit mortelle et que la gâchette soit pressée deux ou trois fois pendant que la victime est dans la ligne de mire. Hier, ils ont fait mouche à plusieurs reprises : quatre morts et dix blessés. Les bus ont dû changer d'itinéraire, mais la vie des gens tapis derrière les coins de rues continue.

Les gens ne se racontent même plus où ils se sont trouvés sous les tirs, on ne cherche pas à savoir qui a été touché. Quand cela arrive, c'est simplement « pas de chance ». Cependant, personne ne renonce aux déplacements dans la ville. On pense toujours que l'on n'est pas en danger, « ces choses-là n'arrivent qu'aux autres » : la théorie reste en vigueur jusqu'au bout. Quand elle est infirmée, elle n'est plus une théorie, elle n'est plus rien.

Mais cette réalité, comme l'écrit Enko Mehmedbasic dans le quotidien de Sarajevo, ne paraît intéressante qu'aux gens qui songent au suicide. Cela au moins est devenu facile : il suffit de se mettre au milieu d'un des carrefours sarajeviens et de se tenir tranquille, le regard tourné dans n'importe quelle direction. L'affaire ne prendra pas beaucoup de temps, ce sera rapide et inattendu.

Comment savoir si cette anecdote du « suicide à la sarajevienne » renoue avec la riche tradition de l'humour noir ou s'il s'agit d'une réalité sordide ? Peu importe, d'ailleurs, l'un n'empêche pas l'autre.

12 juillet 1992

Rencontre avec le futur

Une simple et brève visite de deux heures à l'hôpital de Kosevo résume l'ensemble de l'expérience de la guerre de Sarajevo. Des milliers de drames individuels se concentrent dans une même tentative désespérée de survivre avant tout, et ensuite… qui sait ?

Hier soir, on a tiré sur le département d'orthopédie. Un obus a traversé six pièces, ne laissant derrière lui que pleurs et désolation. Dans les coins, on aperçoit des béquilles dispersées, frêle espoir de survivre et de marcher à nouveau pour ceux à qui elles appartenaient. Des lits renversés, du sang, du crépi… S'il survit, Beslija Jazmir, combattant du front, se souviendra de sa fracture du fémur comme d'un épisode insignifiant, comparé à la mutilation de l'estomac qu'il a subie hier. Sur la face extérieure du mur, le trou d'obus est étonnamment petit, sans cratère. A l'intérieur, traversant mur après mur, cet instrument de la mort a causé de plus en plus de ravages, retrouvant les mêmes malchanceux qui l'avaient déjà subi dans l'épisode sanglant de la rue Vasa Miskin. La mort est venue les chercher une deuxième fois.

Hier, on a dit qu'il s'agissait d'une mine. Aujourd'hui, la télé Srna (la télé serbe de Sarajevo), dans un de ses programmes à mourir de rire, annoncera très certainement « que l'hôpital a été attaqué par des soldats d'Alija pour tromper une fois de plus le monde, pour lui faire croire que Sarajevo est visée par les Serbes, alors que ceux-ci sont pour la paix et partisans d'une solution politique ». Boris Dezulovic[1] ajoutera que, selon lui, depuis la création de la chaîne Srna, *Feral* n'a plus guère de raison d'être. Nulle part ailleurs on ne peut trouver autant d'humour, de cynisme, de mensonge et d'absurde que dans les programmes de cette télévision.

Mais l'histoire de l'hôpital, c'est en même temps l'histoire des enfants au second étage du département d'orthopédie. Il y en a dont une jambe ou un bras sont amputés, qui manifestent déjà ce besoin subconscient d'être plus rapides et plus habiles avec leurs béquilles que les autres. En apparence si gais, si ouverts, si simples, prêts à vous raconter, avec une facilité inouïe, comment, où et pourquoi ils sont devenus à jamais différents des autres enfants. Mais déjà ils entament leur lutte personnelle avec les nuits sans sommeil, avec les traumatismes refoulés résultant de la mutilation. L'un d'eux transportait des munitions à Trebevic (qui a eu l'idée de les lui confier et pourquoi ?). Un autre a simplement joué au mauvais endroit, c'est-à-dire au bon endroit pour ces monstres de *snipers*. Il y en a un aussi

1. Journaliste, écrit pour le supplément satirique du quotidien *Slobodna Dalmacija* de Split, appelé *Feral Tribune*.

qui se trouvait trop près de la fenêtre au moment où une mine volante est tombée juste dessous.

Dans le couloir du département où s'amorcent ces nouvelles vies mutilées, amputées et irrémédiablement atteintes, on aperçoit des vestiges d'un autre temps, des grandes affiches de la Panthère rose, d'Astérix et de Donald. Ces mômes sans membres n'auront peut-être pas l'occasion d'apprendre qui est la Panthère rose et d'où vient Astérix, mais ils sauront qui est le docteur Karadzic [psychiatre de profession], qui est le monstre Mladic, qui sont les différents Milosevic, Cosic[1], Bulatovic[2] et autres... Ils sauront que nous n'avons pas su protéger leur enfance à temps et de manière adéquate. Et puis, ils sauront aussi quoi penser du monde qui marmonne sur la justice, l'ordre et la vérité, sur la responsabilité, l'humanité et la tolérance.

Il y en a peut-être qui croient que ce bébé de quatre mois que l'on vient d'amputer d'une jambe ne cherchera pas à savoir un jour pourquoi il est « né comme ça », sans jambe (alors que les autres ne le sont pas). Quelle réponse satisfaisante pourra-t-on lui fournir ? Peut-on vraiment s'imaginer qu'une absence de réponse sera acceptée sans déclencher une recherche de la vérité ? Celle-ci ne sera-t-elle pas fondée sur le souci légitime du droit à vivre comme les autres ? Que Dieu nous protège, dans les années à venir, de ces enfants mutilés : il y en a aujourd'hui non seulement à Sarajevo, mais aussi dans les départements d'orthopédie, de chirurgie pédiatrique et de traumatologie de tous les hôpitaux de Bosnie-Herzégovine et des environs. Sans parler

1. Président de la « nouvelle Yougoslavie » (Serbie et Monténégro).

2. Président du Monténégro.

de ceux qui n'ont pas eu la chance d'être reçus dans les hôpitaux.

L'hôpital est un très bon endroit pour rencontrer son futur. Que Dieu nous aide, et aide les enfants dans les hôpitaux.

13 juillet 1992

Cent jours de solitude

Notre calendrier nous indique qu'il faut commémorer aujourd'hui un petit anniversaire : cent jours de solitude. Il s'est passé exactement cent jours depuis le premier feu ouvert sur les habitants de Sarajevo. Un tireur embusqué a tué une fillette sur un pont. Jusqu'à ce jour ce pont n'était qu'un lien habituel entre les deux rives de la rivière qui nous unissait, devenue, depuis, une frontière dans un partage impossible de la ville.

On se rappellera chacun à sa manière ces cent jours où tout a basculé ; rien n'est plus comme avant et ne le sera jamais plus. Mais les gens essaieront-ils de se rappeler ? Le moment n'est peut-être pas encore venu pour le souvenir. On ne s'arrêtera qu'un instant, pour se voir et savoir ce que nous sommes devenus ; ce que nous ne sommes plus, alors que nous l'étions il y a peu.

Nous n'habitons plus aux mêmes endroits, nous ne parlons plus la même langue et nous ne nous fréquentons pas de la même manière qu'avant. Nous n'allons plus chez le même boulanger ni chez le même marchand de journaux.

Les portes cochères ne grincent plus de la même façon, les oiseaux qui venaient nous manger dans la main ne se posent plus sur nos balcons. Nos proches ne sont pas inhumés aux mêmes cimetières et nous ne pouvons plus nous rendre là où ils reposent. Qui sait si leurs tombes existent toujours ?

Nous n'allumons plus la lumière dans nos appartements ; les assiettes plates et creuses sont sorties de l'usage ; les bidons à eau en plastique dans les couloirs et sous le lit (lorsque lit il y a) ne nous gênent plus. Nous avons oublié ce que c'est que d'être agacé par un spot ennuyeux à la télévision. Le facteur n'arrive plus en retard. Toute facture qui nous parviendrait, quel qu'en soit le montant, serait accueillie avec joie : elle signifierait que quelqu'un nous croit toujours en vie et capables de payer.

Et puis, nous ne sommes plus les mêmes. Le rire et les larmes viennent facilement, parfois sans retenue ; comme des femmes, on ne se contrôle plus. Parfois, on serre les dents et les larmes coulent quand même. Personne n'y voit de mal.

Le pire est que nous avons appris à haïr. Nous sommes maintenant des gens soupçonneux qui ne faisons confiance à personne. Nous ne savons plus espérer : nous voici cyniques, méprisants. Quelqu'un a dit récemment qu'en Bosnie, c'était un degré au-delà de la haine... Parfois, on en a marre, ce serait bien de baisser les bras et de partir si seulement on le pouvait – mais il nous reste de l'obstination, du dépit ou, si cela vous permet de nous caractériser plus facilement, de la bêtise. Voilà, c'est cela qui nous oblige à rester, et cela nous coûtera probablement notre tête. Mais à quoi bon la tête si ses limites sont tracées par ces fous furieux qui tirent depuis les collines.

Cent jours, ce n'est pas beaucoup. Un printemps que nous n'avons pas vu, un hiver qui ne nous quitte pas. Cependant, ces cent jours sont gravés dans nos mémoires comme cent ans. Seuls avec nous-mêmes, seuls en nous-mêmes, dans une tentative désespérée d'apprendre une vie que nous n'avons jamais vécue. Comment traverser le mur de Jonathan Livingstone, atteindre cette vitesse et cet espace qui nous permettraient d'échapper à la solitude ? Même si ce n'est que pour en trouver une autre – pourvu qu'elle ne soit pas conçue par des êtres inhumains pour dominer des hommes. Mon marchand de légumes, Selim, croyait que nous allions nous en sortir. Il n'est plus. Boro, le garçon du troquet du coin, et Dario du kiosque, tous disaient la même chose. Et la même chose leur est arrivée. Comme au grand chêne dans le parc d'en face : les prévoyants lui coupent déjà les branches car on en aura besoin cet hiver. Quel hiver, puisqu'il est déjà partout ?

14 juillet 1992

L'été sera long et chaud

J'ai parcouru à pied, aujourd'hui, toute la ville, de la cathédrale à *Oslobodenje*. J'ai traversé des rues où quasiment tout était comme jadis : beaucoup de monde, quelques chaises sur les terrasses des cafés, des enfants qui jouent et leurs mères qui les appellent. J'ai vu également des quartiers où l'on se serait cru sur une autre planète. Pas un chat, des rues ensevelies sous les mauvaises herbes, des voitures renversées ou calcinées, des maisons brûlées, des chiens sur des tas d'ordures.

Et puis, j'ai atteint l'Holiday Inn. Y pénétrer n'est pas facile, car les *snipers* balayent tout devant l'immeuble. Mais une fois dedans, vous oubliez le reste. C'est dans l'ancienne salle de conférences qu'on a installé le restaurant, car les parois vitrées du restaurant National donnent directement sur les collines de la mort. La réception, le bar, le hall d'entrée, tout est comme il y a six mois. Dans le restaurant, les tables sont couvertes de nappes blanches impeccables, les couverts d'argent, les verres à eau, à vin sont d'une propreté éclatante. Tout est comme il faut. On dirait que les garçons n'ont aucune idée de ce qui se passe dehors. Les steaks, les frites, le pot-au-feu, les crêpes au chocolat. Le garçon, impassible comme par le passé, laissera dans le plat d'où il vous a servi, ô horreur, quelques frites, et tentera de les rapporter en cuisine. Je ne sais s'il s'agit là d'une règle de bienséance, d'une coutume d'un autre temps, ou bien si quelqu'un l'attend derrière la porte de la cuisine pour ramasser fièvreusement les restes.

En bas, dans le hall, un panneau avec le programme de la visite de la ville pour le groupe qui arrive par avion de Belgrade à onze heures trente. Le nom du guide est celui d'une dame employée par le Haut Commissariat aux réfugiés des Nations unies. Ils se rendront d'abord au Centre des réfugiés, ensuite ils feront un tour à la présidence, enfin, et c'est là leur objectif principal, ils iront à Lukavica. Ils s'entretiendront là-bas avec Radovan Karadzic. Oui, c'est précisément cela qu'on peut lire sur le panneau : « Lukavica – M. Karadzic. » Plus tard, ils iront voir les amis de Radovan au siège de la FORPRONU, et ils repartiront en avion pour Belgrade. Ils auront ainsi accompli leur mission à Sarajevo.

Je dois avouer que j'ai eu mal au cœur quand j'ai vu, noir sur blanc, sur une affiche au centre de Sarajevo, que certains messieurs préparaient une rencontre avec le criminel qui a mis sens dessus dessous ce même hôtel, qui y a installé des tireurs, et qui enfin a démoli la partie de l'hôtel donnant sur les collines. Comment une telle tolérance est-elle possible, qui inclut Radovan Karadzic dans le programme d'une excursion à Sarajevo, intéressante par ses destructions et son délabrement, excitante par ses ruines ? N'est-ce pas chouette de pouvoir faire un tel voyage dans un jardin zoologique inhabituel, une sorte de réserve naturelle ?

Par ailleurs, les messieurs de la FORPRONU ont réussi à gagner un point de plus aux yeux des citoyens de Sarajevo. Dans leur véhicule officiel, blanc comme neige, accompagné par deux blindés, blancs également, les gars du HVO (Conseil de défense croate) ont trouvé hier un *tchetnik* notoire, transporté en bonne compagnie d'une caserne à une autre pour accomplir une mission spéciale. Le dénommé Richard Grey, colonel des « bleus », a failli mourir de peur quand son équipe a été tirée de la voiture et qu'on a appelé les journalistes pour qu'ils enregistrent tout. Mais à quoi bon ? Les messieurs qui se promènent dans leurs boîtes de conserves blanches ne servent vraiment plus à rien d'autre ici qu'à être sifflés. Et quel avenir prometteur ils avaient au début !

A Sarajevo, les jours se suivent. Certains garçons d'une valeur inestimable ont été mobilisés et on leur a mis un fusil dans la main, au lieu de les laisser faire ce qu'ils faisaient déjà et qui était mille fois plus important que de tenir un fusil. D'autres, ceux qui ont des tuyaux, sont toujours dans des cafés en train de ruminer. Au carrefour, on tue sans distinction, au moment où certains Sarajeviens commencent à recevoir des colis de Zadar blessée. Tant qu'il y a des gens, on survivra. Et puis, pour survivre, il n'est pas inutile d'avoir quelques idiots sous la main ; autrement, cela deviendrait trop monotone. Notre collègue arrêté, Memica Husic, a été échangé. On a détruit un ignoble nid de mitraillettes d'où on tire depuis des semaines sur *Oslobodenje*. Il y a de moins en moins de téléphones qui fonctionnent. Et puis, on apprend que Bush se prépare à prendre des vacances. L'été sera long et chaud.

17 juillet 1992

Le jeu de l'absurde

Comment parler de la « situation générale » à Sarajevo le jour de la mort d'un ami, un collègue photo-reporter et grand professionnel ? Si, de plus, vous apprenez que quelque part de l'autre côté de la Miljacka (la rivière qui traverse Sarajevo), dans « Sarajevo serbe », vient de mourir un autre homme de la même maison, parce qu'il n'avait plus la force de supporter la peur et la faim ? Si de vos propres yeux vous venez de voir un bébé de six mois qu'on a, quelques heures plus tôt, amputé d'une jambe ?

Comment décrire cette sensation que le cercle se referme sur vous, lentement mais sûrement ? Ainsi naît l'idée que vous vous trouvez dans une queue qui avance : chacun arrive devant un guichet où l'on doit payer pour tout ce qui était inestimable : amour, bonheur, intimité, foi dans les gens, humanité, confiance et générosité.

Et c'est par une pareille journée que je vois arriver dans mon bureau – que j'atteins tous les jours en longeant une clôture derrière laquelle m'attend un *sniper* – un journaliste allemand suivi de cameramen. Sa première question :

« Comment réagissez-vous à la déclaration du général MacKenzie selon laquelle le peuple de Sarajevo n'est pas reconnaissant pour la nourriture que les casques bleus lui assurent par le pont aérien ?... »

En effet, pourquoi ne sommes-nous pas reconnaissants (je dis *nous* car je me range parmi les ingrats), puisqu'il est manifeste que certains entrepôts sont véritablement pleins de farine, de macarons, de riz ? D'où peut venir ce sentiment d'ingratitude, tant il est vrai que, maintenant, nous ne comptons chaque jour que quelques enfants tués, alors qu'auparavant il y en avait davantage ? N'avons-nous pas la possibilité, aujourd'hui, de sortir de la ville avec les casques bleus, moyennant une somme bien arrondie ? Ne pouvons-nous pas leur acheter de l'essence en payant bien ? Ou apprendre gratuitement par leur intermédiaire que ceux qui ont tué mon ami le photo-reporter Salko Honda ne seront jamais punis ?

Je ne pouvais pas dire au reporter de la télévision allemande, au demeurant très correct, que j'aurais plutôt envie de hurler de rage en entendant une pareille question, que je ne puis que pleurer de douleur devant l'information télévisée « très importante » selon laquelle la « FORPRONU a apporté à Sarajevo des appareils qui identifieront la nature et la provenance des tirs ». Ce que je ne peux, moi, demander à personne, c'est : qu'en est-il de ce bébé amputé d'une jambe ? et de mon copain Salko qui, un an avant la retraite, mourait de peur devant les obus... et que l'un d'eux a su trouver ?

La situation devient absurde : en dépit de tous nos espoirs, nous voici ici, séparés des nôtres les plus chers. Il était absurde de penser que quelqu'un ferait quelque chose pour nous aider ; de ne pas comprendre que le général MacKenzie, qui quittera Sarajevo, n'est venu ici que pour réaliser une autre combine de fric, pour gagner une étoile faite du sang des enfants sarajeviens, et pour s'en retourner à ses lacs canadiens.

Mais justement, à cause de Salko Honda qui est mort son appareil photo à la main, à cause du petit Rade qui n'a pas supporté la faim et la peur alors qu'il était du bon côté, à cause de mes enfants qui grandissent sans père, nous allons rester main dans la main avec l'absurde, pour se moquer l'un de l'autre, pour se tromper, s'esquiver et se voler mutuellement. L'absurde et nous. Dans ce monde pourri il y a tellement de choses mises sens dessus dessous qu'il faut miser sur l'impossible : ce n'est que dans la course avec l'absurde qu'on peut trouver un peu de sens.

Ici les gens sont aigris, donc honnêtes ; s'ils sont honnêtes, ils sont fous, et s'ils sont fous, il leur faut lutter avec l'absurde en espérant qu'ils ont une chance de vaincre. Voilà où nous en sommes arrivés.

18 juillet 1992

Les lions au cimetière du Lion

Il est quatorze heures, et personne n'a encore été tué. Une journée étrange, torride, du mois de juillet. Parce que personne n'a encore été tué, parce que les tirs retentissent au loin, on a pu enterrer ceux qui ont été tués hier et avant-hier, et ceux qui gisaient morts depuis des jours dans l'obscurité et le froid des salles de l'hôpital servant de morgue. Différentes processions constituées de gens silencieux, essoufflés et anxieux, sont parties vers le Lion – cimetière remis en service par décret exceptionnel des instances municipales.

Pris entre une allée ombrageuse menant au stade de Kosevo et une rue peu fréquentée longeant la clinique de traumatologie, ce cimetière, récemment peu peuplé, recroquevillé sous la statue monumentale d'un lion avec une crinière royale, est devenu le seul point de rencontre des Sarajeviens, qui n'ont pas d'autres occasions de se rencontrer tous en un même lieu.

Lentement au début, puis chaque jour de plus en plus vite, une vague jaune de terre retournée, prenant la place d'un gazon oublié sous les griffes du lion, commence à descendre de tous côtés, dévorant les espaces du cimetière qui étaient déjà vendus pour d'autres usages : deux, trois, dix, quinze enterrements par jour, c'est cela le rythme sarajévien du passage de la vie à la mort.

Tout le passé de Sarajevo se lit à l'ombre du cimetière du Lion. Au fond, Sarajevo n'est qu'une petite ville, car son âme est grande et on y connaît tous ceux qui méritent d'être connus. Ils sont les seuls à être enterrés ici auprès du lion en béton. Ces tombeaux renferment ceux qui étaient véritablement de Sarajevo, qui ne voulaient pas le quitter, et c'est pourquoi ils y demeureront à tout jamais.

On est étonné lorsqu'on s'aperçoit qu'on reconnaît pratiquement tous les noms sur ces centaines et centaines d'inscriptions, même si certains n'apparaissent qu'à travers le brouillard. On est stupéfait lorsqu'on voit les noms de certaines personnes qu'on a rencontrées il y a seulement un jour ou deux, convaincu qu'on allait les revoir. On est hébété lorsqu'on voit que la mort emporte sans prévenir, ne laissant pas l'espace nécessaire aux adieux appropriés. Sous le feuillage lourd du cimetière du Lion, on trouve les noms de ceux qu'on a quittés quand on était adolescents, ou de ceux avec qui on a rêvé les premiers voyages à l'étranger, les voyages vers le bonheur, vers l'infini. Nous reconnaissons les noms de ceux que nous avons quittés temporairement, et nous comprenons aujourd'hui que nous avons toujours été la même bande de Sarajevo, que nous avons aimé une même ville, que nous nous sommes creusé une même tombe. Car nous n'avons pas su, ou nous n'avons pas voulu, nous mettre en travers du chemin des barbares au moment où il aurait fallu le faire. Nous racontions des blagues sur eux, alors qu'ils descendaient de leurs collines, l'un amenant l'autre, en nous haïssant parce que nous savions ce que c'était que de l'eau et du savon, de se laver les pieds et de mettre des chaussettes propres. Ils nous réunissent aujourd'hui autour du lion, nous d'un côté, qui avons encore un peu de chance d'être debout, et de l'autre, le reste de la bande, ceux qui se sont trouvés au mauvais endroit au mauvais moment, et gisent de ce fait côte à côte.

Le Lion est un cimetière unique. On y retrouve par centaines ceux qui ne se connaissaient peut-être pas personnellement, mais qui appartenaient à la grande famille des gens normaux, tournés vers l'avenir, qui ne sont pas devenus fous de leurs propres gènes, leurs mythes, leur histoire, réunis en troupeau compact enfermé dans la bergerie où l'on ne survit que collectivement, sous l'autorité de Big Brother et le serment du sang.

Le Lion surveille aujourd'hui les gens qui possèdent en commun quelque chose d'exceptionnel : ils sont partis la même année, l'année du bain de sang, 1992. Elle les a abattus, certains plus jeunes, d'autres plus vieux. Qu'elle soit maudite, l'année 1992 qui a aligné à six pieds sous terre ceux qui aimaient autrui. Qui paiera, et quand et comment, pour cette série d'inscriptions sur les planches clouées au-dessus des tombes fraîches ? Car il y en a beaucoup de fraîches, toutes alignées. Et il faudra le payer. Il est certain que le prix sera élevé.

21 juillet 1992

Privés de mandat

Une tension étrange plane sur la ville. Il y a de plus en plus d'énervement et de moins en moins de patience. En fait, nous comprenons mieux maintenant que Sarajevo s'enlise dans une situation qui risque de durer longtemps, très longtemps. Le *statu quo*. Plus d'espoir ni de solution en vue. Et ils nous tuent un par un. Seul le cimetière du Lion évolue. Nos dernières attentes intimes tarissent. L'aéroport est de nouveau fermé. Hier, nous avons tous vu un convoi de chars et de blindés arborant le drapeau *tchetnik* traverser la piste. Les convois d'aide humanitaire sont bloqués à Split ou à Kiseljak, l'infinie bureaucratie des « bleus » empêcherait une aiguille de pénétrer dans la ville, sous couvert de « mandat » et de « pouvoirs ». Alors que les armes parviennent aux *tchetniks* sans mandats ni procédures.

Nous avons demandé aux journalistes français de nous envoyer quelques gilets pare-balles – car ici, on assassine les journalistes –, et ils les ont envoyés. Les voilà à Split où les *tchetniks* et la FORPRONU ne les laissent pas passer. Pour ce qui est des premiers, ce n'est pas étonnant. Mais les seconds ? Quel « déséquilibre politique » peut résulter du fait que quelques journalistes se protègent le dos et la poitrine ?

Nous avons demandé qu'on nous envoie du papier pour que le journal ne disparaisse pas, il est le seul à survivre dans notre ville assiégée. On nous dit que le papier ne pourrait pas atteindre Sarajevo, car selon les « bleus » ce n'est pas de l'aide humanitaire, la seule qu'ils soient chargés de garantir.

Nous avons demandé de la nourriture, car celle qui est arrivée ne nous est pas parvenue, et lorsque nous recevons de la farine crue et un peu de riz, cela ne nous donne pas vraiment l'énergie qu'il faut pour écrire, courir aux abris et éteindre les incendies. Les bonnes âmes ont collecté quelque chose, mais les gardes internationaux à l'entrée de la ville n'ont pas reçu de « mandat » pour le laissez-passer. Ils pourront le faire, disent-ils, quand la ville sera débloquée et quand les combats cesseront.

Sont-il simplement impertinents, insensibles et pourris ? Ou bien ont-ils vraiment reçu le mandat de pousser notre histoire sur le chemin de la Palestine, de Chypre et d'autres pays submergés de belles déclarations contre le partage, contre le génocide et contre l'exode, mais qui en sont toujours là où ils en étaient quand les armes se sont tues ?

Un obus par ci, une cartouche par là, un char le soir, un *sniper* le matin. Les vies s'éteignent une à une, jour après jour. L'hiver sera long et froid. De l'autre côté des frontières maintenues imperméables par la FORPRONU et par les *tchetniks*, avec l'aide de l'Europe et de l'Amérique, de l'Est et de l'Ouest, de Téhéran et du Vatican, des informaticiens et des macrobioticiens, il restera des tonnes de nourriture, de papier, d'antennes, de téléphones, de chaussures et de jouets, de piles et de cassettes, qui n'auront pas pu pénétrer dans la ville et aider à la survie d'une civilisation.

En fait, nous n'avons pas reçu le mandat de survivre. L'interruption des liens avec le monde n'en est qu'une manifestation visible. Par notre vécu, nous pourrions invalider l'accord conclu quelque part à notre insu, et qui n'admet pas la superbe folie des gènes mélangés. Voilà de quoi il s'agit. C'est pourquoi il serait stupide de s'attendre à une aide extérieure. Tout ce qu'il nous faut, tout ce que nous pouvons réunir pour le dernier combat, il nous faut le trouver en nous-mêmes. Coûte que coûte.

27 juillet 1992

Où sont les Bosniaques intelligents ?

A Sarajevo ce matin, rien de neuf évidemment : de l'électricité, si peu, de l'eau, pas du tout ; des morts comme d'habitude, une dizaine ; un carton d'œufs, vingt-cinq marks allemands ; un kilo de porc, quinze marks ; les représentants des trois partis nationaux, partis pour Londres « négocier » notre sort. Mon copain Jovan Divjak, commandant en second de l'armée de Bosnie-Herzégovine, dit : « Voyez-vous, je fais ce que je peux pour mener cette guerre, mais en Bosnie je n'existe pratiquement plus. A Londres, les Serbes sont représentés par Radovan Karadzic, contre qui je me bats, moi qui ne suis ni musulman ni croate. Quelle histoire ! »

Avdo Sidran, la légende vivante de Sarajevo[1], répond à cela par un petit poème qu'on récite aujourd'hui dans la ville partout où l'on peut boire un verre entre deux obus (une bière = un mark) :

1. Avdo Sidran est considéré comme le plus grand poète vivant de Bosnie-Herzégovine. Sa poésie incarne la sensibilité bosniaque.

Cessez-le-feu

L'a-t-on signé ?
Signé, pardi !
L'a-t-on violé ?
Violé, pardi !
Que va-t-on faire, alors ?
Signer, voyons...
Pour violer ?
Violer, bien sûr...
Mais jusqu'à quand ?
Jusqu'à la fin, merde ! quoi...

C'est lorsqu'on croise ou qu'on entend Sidran et des gens comme lui que nos peines se font les plus douces. Sans parler bien sûr de ces rares moments où on a de l'eau. Nous connaissons la ville au millimètre près, nous avons appris par où on peut passer, où il faut se baisser, où s'accroupir. Nous savons distinguer les endroits où l'on injurie soit les *tchetniks*, soit la FORPRONU, soit nos génies politiques locaux. Evidemment, on maudit uniquement les politiciens qui sont encore sur place. Pour ceux qui se sont absentés du fait de voyages d'affaires extrêmement importants, on se contente de blagues du type : savez-vous quelle est la différence entre un Bosniaque intelligent et un Bosniaque stupide ? L'intelligent téléphone à l'autre tous les jours, de l'étranger.

C'est cruel, je l'admets. Malheureusement, il y en a de plus en plus qui pensent que ce n'est pas vraiment une blague. Mais ils espèrent quand même – difficile de savoir quoi. Peut-être croient-ils que les négociations de Londres ou d'autres pourparlers pourraient réussir. Ils pensent peut-être que Karadzic dira : « Messieurs, je vous prie de m'excuser. C'est maintenant fini, terminé. »

En attendant, par nos nuits estivales étoilées, derrière nos stores baissés et par nos fenêtres camouflées, nous regardons le ciel sillonné de balles rouges et brûlantes qui relient les deux lignes de l'horizon. Dans leur chute, elles emportent des vies, brisant ainsi leurs vains espoirs. Parfois elles ne font que détruire des constructions bâties et entretenues pendant une vie humaine, ou plus. Le feu d'artifice dure tantôt jusque tard dans la nuit, tantôt jusqu'à l'aube.

Le sommeil vient de plus en plus difficilement, alors que le nombre des observateurs nocturnes se multiplie. Ceux d'en bas, sur les trottoirs obscurs et dans les guérites improvisées, n'ont plus à crier : « Eteins avant que je ne le fasse d'une balle ! » A quoi bon s'exclamer ? Ici, tout est déjà éteint, la nuit est partout !

Et pour ce qui est de la blague sur les Bosniaques intelligents, elle aussi pourrait devenir caduque, le partage se faisant plus cruel : il n'y aura plus que des Bosniaques intelligents, car les autres ne seront plus. Reste à voir qui arrivera à en faire des blagues – nul doute qu'il y en aura.

30 juillet 1992

Les protéines et les cerises

Un obus de plus devant la présidence ; on bombarde la vieille ville, Dobrinja, Nedzarici, le centre-ville. Les *snipers* sont encore plus ignobles qu'avant. Ils se sont mis à utiliser des silencieux et des balles explosives. Est-il besoin de préciser qu'elles sont interdites ? La remarque est ridicule, car que signifie « autorisé » dans cette guerre ? Le pire est que maintenant même notre radio-reporter déclare que la journée a été « relativement calme ». En somme, c'est relativement normal qu'on soit en guerre, que chaque jour dix personnes au moins soient tuées, et que personne ne fasse rien pour arrêter cela. Et pourtant, sur ce dernier point, les choses se précisent. Voici comment.

Ce matin, au siège de la collectivité locale – qui, soit dit en passant, fonctionne très bien par rapport à la grande majorité des autres dans la ville –, j'ai reçu un nouveau « colis » d'aide humanitaire. C'est le second depuis le début de la guerre. Dans le sachet que j'ai payé trois cents dinars, il y avait une boîte de thon d'Irlande avec une étiquette en grec, un kilo et demi de farine, cent grammes de lait en poudre, cent grammes d'« Oxford biscuit » enrichi aux protéines (avec une spécification détaillée des ingrédients caloriques et protéiniques) et un carton de fetta, fromage danois emballé et acheminé d'Iran. Celui-ci a provoqué une véritable petite fête à la maison où nous sommes quatre.

Ce paquet d'aide doit durer jusqu'à nouvel ordre, c'est-à-dire Dieu sait jusqu'à quand. Les mieux informés disent que 6,5 % des habitants de la ville ont « subvenu » à leurs besoins de cette manière. Pour ce qui est des autres villes qui n'ont toujours rien reçu, on en parlera Dieu sait quand. Certes, nous quatre dans mon appartement ne mourrons pas de faim car nous faisons partie de ceux qui arrivent, tant bien que mal, à trouver de la nourriture en plus. Et puis, qui sait, lorsque, à Stip, le HVO [Conseil de défense croate] et le SDS [Parti démocratique serbe] trouveront un meilleur arrangement, on pourra peut-être entrer en possession des colis qui nous ont été envoyés de Dalmatie, de Zagreb ou de Kiseljak, et même de France, par quelques personnes bien intentionnées.

Le problème n'est donc pas la nourriture. Le problème est de savoir pourquoi, en réalité, tout ce remue-ménage au sujet de l'aéroport, pourquoi tous ces avions qui coûtent probablement une fortune ; à quoi bon ces sacs de farine, de thon et de biscuit Oxford ? Toutes les cerises douces et toutes les fraises mûres de la saison – qui auparavant arrivaient à Sarajevo – ont pourri dans les champs alentour, à cause de quelques centaines de types barbus qui sont postés derrière les barricades aux sorties de la ville.

Pense-t-on vraiment que cela posait problème d'enlever ces barricades et de permettre à Sarajevo d'acheter, d'acheminer, de livrer, de vendre, d'approvisionner, de nourrir les bouches et les usines, de garantir les salaires et la production ? Non, ce n'était pas un problème, ni alors ni maintenant. Simplement, quelqu'un ne veut pas le faire. Cette parade avec des avions et des protéines à la petite cuiller arrange quelqu'un, tout comme le blocus total de la ville et le long épuisement de Sarajevo. L'objectif en est probablement de réaliser ce qu'a annoncé Carrington : « Quand ils seront fatigués et épuisés, ils parleront. » L'inconvénient, avec la « pensée » de monsieur Carrington, c'est que cette guerre « fatigue et épuise » exclusivement l'une des parties, la victime. Les sauvages qui attaquent ne s'épuisent pas, ils prennent du plaisir à leur sadisme et à leur bestialité.

S'il n'en était pas ainsi, s'il n'y avait pas ce point de vue du lord et de ses semblables, cela ferait longtemps que les blindés blancs – qui nous font mal aux oreilles à Sarajevo – seraient postés en quelques lieux entre Ilidza et Hadzici, ce qui changerait bien la situation. Le secret des cerises abîmées, des pommes de terre qu'on n'a pas ramassées et des fraises qu'on n'a pas cueillies, n'a guère à voir avec ce qu'on nous fait croire.

Voilà pourquoi le colis qui est arrivé aujourd'hui n'est pas destiné à assurer la survie. Il est ici pour qu'on se mette à genoux, pour qu'on se plie à leur volonté. Heureusement, l'énergie ne nous vient pas de leurs protéines, mais de sources tout autres. On en reparlera.

7 août 1992

Un obus « dédicacé »

Des avions sont apparus dans le ciel de Sarajevo et des hélicoptères dans les environs de la ville. A cet instant, à *Oslobodenje,* tout le monde s'est retrouvé par terre. Certes, chacun a sa propre théorie sur les murs porteurs et les cloisons, chacun sait lequel des murs est sûr et quel est l'espace entre les deux parois vitrées où il ne faut pas rester. Mais l'arrivée d'un nouvel obus détruit régulièrement (en plus de quelques murs et cloisons) ces théories sur la sécurité échafaudées par des amateurs. On ne sait pas ce qui est pire : les éclats d'obus, les roquettes de chars qui n'éclatent pas, les lance-roquettes portables...

Il est fantastique de voir comment les gens en parlent, à voix haute, les uns derrière les murs, les autres sous les tables. Il y a à peine un mois, j'ai vu de mes propres yeux des femmes s'évanouir au moment où les obus sifflaient au-dessus de leurs têtes. Maintenant, elles analysent froidement la portée, le type et le calibre, elles évaluent l'endroit où le projectile tombera et les dégâts qu'il fera.

Une nouvelle explosion horrible se produit, suivie d'un nuage de fumée, il y a des verres cassés, le bois craque. Mon bureau, le troisième depuis le début de la guerre, a disparu…

Il en reste un tas de briques, de verre et de métal, des affiches déchirées que j'ai traînées avec moi dans mes voyages pendant ces quinze dernières années… Et du monticule de gravats d'où se fait entendre encore un sifflement, j'extrais la queue de l'obus dont le corps a causé ces dégâts. C'est une petite chose, d'un vert olive, chaude, avec dix ailerons, et elle porte l'inscription : KB 1986-82 mm. Elle a été tirée depuis un endroit dans Nedzarici connu comme la maison du père Noël, d'où on a également tiré une rafale sur les enfants d'un bus qui se dirigeait vers la sortie de la ville.

Ensuite, une quinzaine au moins de projectiles du même type, voire plus puissants, de 120 mm, tombent sur le grand squelette en béton d'*Oslobodenje,* déjà dévasté par le feu.

Et pourtant, la vie continue. Dans un blocus total, ont tisse des fils avec des gens éparpillés partout dans le monde, on échange des nouvelles, des messages, quelques colis, ou simplement des informations brèves sur des gens – s'ils sont toujours sains et saufs. Les radio-amateurs font un travail héroïque en réussissant l'impossible. J'ai surpris quelques mots, venus du fond d'un cœur après cent jours de silence et transmis vers une oreille lointaine : « Qu'est-ce qu'elle a dit ? – Elle a dit que les enfants ont grandi. » « Quoi ? – Qu'ils ont grandi. – Que dit-elle maintenant ? – Qu'elle t'aime. – Pardon ? – Elle t'aime, tu m'entends ? – Je ne t'entends pas. – Bon, c'est pas grave, elle va bien. »

Puis, de nouveau, une petite chose vert olive KB 1986-82 mm. Jusqu'à quand, bon Dieu ? Izetbegovic a de nouveau écrit une belle et gentille lettre à quelqu'un là-bas.

8 août 1992

Un ersatz de vie

Notre histoire est en fait complètement irréelle. Je me dis parfois que les gens de l'extérieur, qui ne savent pas ce qui se passe ici, considéreraient que nous sommes fous. Il suffirait qu'ils observent un petit peu, de loin, les habitants et les événements de Sarajevo. Evidemment, ce n'est pas ainsi que nous pensons, parce que nous sommes abrutis par nos peines quotidiennes et peut-être aussi parce que nous n'avons plus guère d'énergie dans les batteries qui alimentent la vie.

Samedi par exemple, une femme plutôt âgée est venue frapper à ma porte. Son agenda à la main, elle m'a expliqué qu'elle faisait une collecte d'argent pour l'électricité. Il ne s'agissait donc pas de faire payer l'électricité, mais de « collecter de l'argent ». Il a suffi de quelques mots pour que je comprennne ce qu'il en était. Elle a dit, poliment et sans la moindre gêne : « Si vous pouvez payer pour avril, mai et juin, donnez-moi trois mille dinars ». Evidemment, trois mille dinars, ce n'est rien : c'est six kilos de pain lorsqu'il y en a. Mais c'est une somme importante pour ceux qui n'ont pas où gagner de l'argent, ceux qui n'ont pas un sou.

Dieu merci, mes amis habitent maintenant chez moi et nous ne manquons pas de moyens, car nous vendons toujours ce foutu journal et nous gagnons à peu près de quoi verser les salaires. Nous avons donné quinze mille dinars à la femme et, d'après ce qu'elle nous a dit, cela allait suffire pour trois autres familles n'ayant pas de quoi payer. Elle nous a quittés satisfaite.

Une chose semblable s'est produite dans un bus surgi de nulle part, indépendamment de tout horaire, dans la rue principale de la ville. Le conducteur nous a annoncé qu'il faisait un tour jusqu'à la télévision et retour. Devant nous, une femme a demandé au contrôleur, assis sur son siège réglementaire comme si de rien n'était, combien coûtait un ticket. « Si vous avez de quoi, c'est trois dinars, si vous n'en avez pas, vous paierez après la guerre », lui a répondu le gentil contrôleur.

Spontanément, nous avons décidé de payer le ticket pour cette femme qui n'avait pas d'argent, mais le contrôleur ne voulait pas en entendre parler. « Je vous en prie, c'est hors de question ; notre compagnie, l'entreprise des transports municipaux, offre la course à ses concitoyens qui vont au travail. » Chapeau ! Nous avons fait un beau voyage, en ayant un peu moins peur, car un bus pareil n'allait pas sauter sur un éclat d'obus ou croiser une balle de *sniper*. De tels espoirs sont finalement la seule chose que nous avons encore. Tout le reste n'est qu'un ersatz de vie.

Hier après-midi nous étions six dans un café improvisé, réunis autour d'un pot de guerre pour nous mettre d'accord sur un travail. Nous avons décidé de nous retrouver le lendemain à la même heure au même endroit. Mais l'accord tombe à l'eau du seul fait que deux des six personnes présentes au café hier sont à l'hôpital : on a retiré de la jambe et du bras de Zdravko des éclats d'obus et on lutte encore pour la jambe et peut-être pour la vie de Goran. Mon ami Goran et moi-même sommes passés à côté du lieu de l'explosion, là où, quelques instants plus tôt, ont été blessés Zdravko Petrovic et Goran Stapic. Notre vie à tous oscille entre « frappera, frappera pas ».

Goran et moi disposons depuis hier d'un nouveau bureau, le troisième que nous ayons aménagé depuis le début de la guerre. Ce matin nous l'avons trouvé plein d'éclats de verre et d'obus. Lorsque nous avons tout nettoyé et mis en ordre, plus rien ne fonctionnait pour des raisons tout autres : les téléphones ont été coupés, donc les fax aussi, il n'y a pas d'électricité, donc pas de radio, pas de télévision, etc.

La seule chose qui fonctionne ce matin, c'est le *sniper* du voisinage qui, lui, ne s'arrête pas. J'aimerais vraiment savoir combien on le paiera pour toutes ces heures sup. En effet, comment règlent-ils cette question de rémunérations, puisqu'on me dit que les étrangers leur ont pris toutes leurs devises fortes ? Leurs ridicules dinars serbes ne valent plus rien nulle part, même plus à Ilidza. Un véritable ersatz de vie que tout cela – mais tant que la vie continue, c'est mieux que rien.

10 août 1992

Les détenus de Sarajevo

Le monde est très ému depuis qu'il a découvert l'existence des camps de concentration en Bosnie-Herzégovine. En fait, les gens sont troublés parce que les « indications » sur la situation dans les camps pourraient se révéler vraies.

Puisque l'Occident est un monde empiriste, il faut encore confirmer ces informations noir sur blanc, ou plutôt rouge sur blanc, pour que les « indications » soient acceptées comme quelque chose de palpable. En tout cas, l'agitation est grande. On n'arrête pas de parler d'une intervention qui nettoierait ces camps de « détenus politiques mal nourris qui ont été jugés lors de procès réguliers » – c'est ainsi qu'en parle notre Himmler local, Radovan Karadzic.

Les messieurs de la CNN, en mal de nouvelle « Tempête du désert », se sont mis à soutenir ouvertement l'idée d'une intervention militaire. A l'issue de celle-ci, un général Patton entrerait dans les camps en apportant, sous sa bannière, la liberté américaine. De toute évidence, la chose devient sérieuse.

Deux nuits de suite, pendant qu'il y avait encore de l'électricité, nous avons regardé une heure de programme télévisé américain consacré à nous. Une heure de programme, ce n'est pas rien si l'on sait que chaque seconde du programme estival de la CNN coûte des millions de dollars. Ils ont donc flairé de bonnes affaires et nous les en remercions. Ici, la masse totale de sang a atteint un seuil qui permettra peut-être de passer à l'action. Quant à la quantité de souffrance, elle est déjà telle que toute action, si elle a lieu, viendra trop tard. Nous ne pourrons plus pardonner à tout le monde ce qui s'est déjà produit. Et tout d'abord, comment leur pardonnera-t-on l'histoire des camps qu'ils ne voulaient pas voir ni reconnaître, alors que cela sautait aux yeux ?

L'histoire des camps a commencé, s'est déroulée et touche à sa fin ici, à Sarajevo, le plus grand camp de concentration du monde. Le monde en verra difficilement un autre de cette taille.

Dans les camps que nous avons connus dans les manuels d'histoire, on empêchait les gens de circuler librement ; il en est de même ici. On ne donnait aux détenus que quelques bouchées de nourriture ; ici, c'est pareil. On les privait de tous leurs droits énumérés dans les documents internationaux ; ici aussi. Les collabos et les traîtres, la cinquième colonne, avaient des chances de survivre. Les détenus n'avaient aucune possibilité de contacter leurs proches et leurs amis restés dehors. De temps à autre, on parvenait à transmettre aux détenus un colis éventré et une lettre censurée. Il en va de même ici. Enfin, dans ces camps du passé, les détenus étaient tués selon une « logique » criminelle : vieux, faibles, juifs, communistes, Tziganes, ou parce qu'ils étaient coupables de quelque chose.

Ici, il n'y a même pas de logique. On nous assassine tous, sans aucun ordre, sans sélection. En fait, nous sommes tous coupables de ne pas être des *tchetniks*. Coupables de ne pas pouvoir convaincre le monde que notre seul désir est de vivre selon les règles internationalement reconnues. Ou bien notre manière de vivre gênerait-elle les projets de ceux qui décident du destin du monde ?

Bref, nous avons mal choisi notre temps et notre lieu, pensent-ils. Certes, le moment n'est peut-être pas opportun. Mais pour ce qui est du lieu, il est bon et nous n'avons pas l'intention d'en chercher un autre. Même s'il est devenu, qu'on veuille ou non le reconnaître, un camp de concentration au sens classique du terme.

12 août 1992

Un *sniper* « aveuglé » par les Sarajeviens

Il est difficile de juger qui mène le combat le plus violent et le plus sanglant dans les rues de Sarajevo : ceux qui tentent coûte que coûte de transformer cette ville en désert et en lointain souvenir, ou ceux qui s'opposent de tout leur cœur à cet anéantissement sans pareil, refusant la mort et la disparition. Hier, rien qu'entre le grand magasin du centre-ville et Marindvor [distants d'une station de tramway], six personnes ont été tués et vingt blessées. On sait également que deux obus ont tué cinq enfants et en ont blessé une vingtaine, mais cela n'a pas été annoncé officiellement. Ce qu'on ne sait pas, c'est si le compte est bon ; probablement pas. On tire toujours, tous les jours, sans arrêt : les listes des victimes ne sont jamais à jour.

L'un des visages de Sarajevo est celui d'une ville où l'on vit et meurt comme dans une cellule ; il s'agit de toute une ville déterminée à survivre, quel qu'en soit le prix. L'autre visage de Sarajevo est incroyable à sa manière, on a du mal à le décrire aux gens qui ne sont pas ici : c'est une volonté de vivre, une force puisée tous les matins Dieu sait où et qui permet de reconstruire tous les jours ce qui, la veille, a été détruit et ravagé. Il s'agit d'une ingéniosité sans pareil dans le rétablissement des fils de la vie qui semblaient à jamais rompus, la renaissance de l'espoir, de la persévérance et de la foi.

Absolument tout est changé : on n'emprunte plus les mêmes rues et passages qu'avant, on en a de tout nouveaux et ce sont les impératifs de la survie qui les déterminent. On ne s'assoit plus et on ne dort plus dans les mêmes endroits qu'auparavant.

Dans l'ancienne rue Kuloviceva, je ne sais trop son nouveau nom, juste devant l'hôtel Belgrade – qu'on appelle aujourd'hui hôtel Sarajevo –, un paravent est apparu, le plus grand que j'aie jamais vu. Du sommet d'un immeuble relativement haut, relié à la maison d'en face par un fil, ce paravent descend jusqu'au trottoir. Grâce à ce grand drap, gentiment balancé par la brise estivale, ceux des collines ne voient pas les passants dans la rue principale : l'un des pires *snipers* de la ville est ainsi devenu aveugle. Les gens exultent car le *tchetnik* est bien embêté. « Je peux imaginer comment il a été éberlué quand il a découvert ce matin qu'il ne voyait rien », commentait avec satisfaction un monsieur d'un certain âge en observant de derrière une maison ce « paravent » superbe, immense.

La vie trouve toutes sortes de chemins pour animer la ville. Aujourd'hui, tout le monde reparle du « carrefour des sucreries » de Bascarsija où l'on peut de nouveau boire de l'eau, de qualité douteuse, mais potable. Chez Ramiz, il y a même des glaces, cinq sortes de glaces apparues comme un mirage. Pour nous, c'est la meilleure glace du monde, les Italiens pourraient nous l'envier. Hier, Alen a déménagé sa boutique dans l'ancien « Sport », près d'« Egypte » [pâtisserie réputée comme la meilleure de Sarajevo], et on y trouve du savon, du papier hygiénique, et même, au dire de certains, de la Vegeta [concentré pour les soupes et les sauces], des pantalons à cent cinquante mille dinars, des ampoules à quatre mille. Ce gars d'Ilidza, très entreprenant, a même sorti d'on ne sait où du dentifrice. Dehors, à un coin du marché, les plans touristiques de Sarajevo se vendent comme des petits pains. Il y en a de toutes sortes, des vieux, certes, mille fois dépliés, mais c'est splendide.

Nous étions bien ennuyés avec la nouvelle structure géographique de la ville, des centaines de ruelles et de carrefours, de quartiers dont nous n'avions jamais entendu parler et qu'on mentionne maintenant à toute heure – soit pour les crimes qui y sont commis, soit pour tous les formidables gavroches qui, de là, par leur organisation et leur audace, rendent la vie impossible aux autres, là-bas.

Les obus pleuvent de nouveau. De la TV on m'informe que des garçons venus de Zagreb ont réussi à s'introduire dans la ville et qu'ils ont un colis pour moi.

A ce qu'on dit, dans le kiosque à côté de la faculté d'économie, on peut acheter des petits pains au *kaïmak* [sorte de fromage] ? Incroyable !... Je dois aller voir : tout noter, tout photographier. Un jour viendra où on ne nous croira pas. Tout comme hier, je n'ai pas pu en croire mes yeux : un ami, ambassadeur, est venu frapper à ma porte. Il était monté à bord d'un Hercules pour se rendre à Sarajevo, car il fait partie de la bande.

Chez nous, la vie et la mort se livrent un combat féroce, en essayant de tirer avantage l'une de l'autre. Pour le moment, on ne peut pas dire laquelle a le plus de chances de gagner.

16 août 1992

Les grands-petits puissants

Le nombre de gens qu'on peut contacter dans cette ville diminue de jour en jour. Il n'y a pas de voitures : elles sont cassées, volées, saisies ou sans essence ; on ne peut se déplacer à pied, les obus et les *snipers* sont devenus pires que n'importe quel affrontement en première ligne de front ; mais les voitures et les balades, nous avons mis une croix dessus. En revanche, je ne connais personne qui se soit retrouvé sans téléphone et qui n'en ait pas tiré la conclusion que la vie allait devenir impossible ici si elle était dictée par les héros des bureaux de guerre.

Bref, quelqu'un a eu l'idée que la cinquième colonne utilisait massivement les téléphones pour signaler aux *tchetniks* comment corriger les trajectoires des obus, où et qui viser, etc. Très consciencieusement, les brigades de palier constituées de grands patriotes n'ont pas perdu de temps et se sont lancées implacablement à l'assaut des prises de téléphones des maisons sarajeviennes. C'est avec une démonstration sans pareille de patriotisme et de gourmandise policière qu'on a coupé le peu de lignes téléphoniques qui signifiaient la vie pour des rues et des quartiers entiers. Bien sûr, les appareils abandonnés (dans des centaines d'appartements) ont été mis sous la haute surveillance des membres fidèles de la « garde révolutionnaire de palier ». C'est ainsi qu'on doit exclure toute possibilité de collaboration avec l'ennemi, pensent-ils.

La chose a commencé à se répandre comme la peste, d'abord dans les quartiers contigus aux lignes *tchetniks*, puis elle a gagné de plus en plus vite tous les quartiers de la ville. Prisonniers et assiégés, coupés du monde, abandonnés de toutes parts, sans eau et sans électricité depuis pas mal de temps, sans radio, sans télévision… et sans téléphone, nous ne sommes plus que des animaux sacrifiés à qui on a supprimé tous les droits si ce n'est celui à la solitude, à la faim, à l'humiliation et à la mort.

Dans les quartiers, dans les caves obscures et sur les paliers naissent de nouveaux puissants qui décideront au niveau de la communauté locale, définitivement et sans recours possible, à qui laisser la ligne et à qui la couper jusqu'à nouvel ordre.

Mais les *tchetniks* transmettent-ils vraiment des renseignements par téléphone ? Tout un chacun sait que ce type de signal peut être transmis de mille manières différentes : d'un caleçon accroché à un fil jusqu'aux rideaux tirés ou écartés, en passant par les milliers de talkies-walkies de par la ville, sans parler des méthodes sophistiquées. Le revers de la médaille, plus sérieux, c'est que chaque petit fonctionnaire est convaincu qu'il doit pouvoir décider qui a le droit de téléphoner, qui est potentiellement des « nôtres », qui appartient à la cinquième colonne, quel est le message le plus important…

J'ai autant peur des obus sous mes fenêtres que de certains « patriotes professionnels » qui se sont énormément multipliés au cours de ces cent cinquante jours de guerre. Imaginez combien il y en aura d'ici la fin de ce délire. J'en suis arrivé, en ces jours de guerre, à redouter la paix et les gens qui, avec le lobby des patriotes de palier, constitueront un Etat de droit. Sans oublier combien il y en a dans leurs rangs qui nous ont mis dans tout ce pétrin.

18 août 1992

Les juifs s'en vont, Sarajevo disparaît

Il y a des jours où même les optimistes jurés ont le cafard. On enverrait tout au diable, on ferait son balluchon et on partirait dans la nuit. Peu importe où, peu importe de quel côté, vers cette ligne ignoble qui cerne la ville comme un cercle d'acier. C'est elle qui nous transforme en petits animaux impuissants, insignifiants. Telle est l'ambiance ici depuis hier. La joie a tari chez ceux qui, le matin même, se réjouissaient d'entendre des nouvelles de New York. Je les plains.

Le courant n'arrive pas, l'eau non plus. Les *snipers* sauvages tirent aujourd'hui sur les ouvriers venus réparer les câbles cassés. A côté de la station de distribution d'électricité, à la fontaine, une femme a été tuée pendant qu'elle essayait de remplir son seau. Dans les parcs, on coupe massivement les branches vertes. Sous la fenêtre, devant chez moi, j'ai vu un homme se baisser pour ramasser un mégot éteint qui traînait là, Dieu sait depuis quand. L'homme était proprement habillé, en chemise blanche bien repassée. J'imagine ce qu'il a ressenti lorsque nos regards se sont croisés ; le mouvement de son bras s'est arrêté un petit instant.

Tous parlent de l'hiver qui approche lentement mais sûrement. Le désespoir envahit la ville car aucune issue ne semble possible. A l'hôpital, une fille de treize ans, au bras droit et à la main gauche amputés, a fait une tentative de suicide. Elle a échoué, pour cette fois.

Nous imprimons les derniers numéros du journal, car on ne nous permet pas d'apporter du papier en ville, et nous ne pouvons pas sortir. La sortie n'est autorisée ni par les nôtres, ni par les leurs, ni par la FORPRONU. Le Haut Commissariat aux réfugiés ne délivre pas son autorisation.

Les délégations pomponnées venues du monde heureux et lointain se rendent à Sarajevo pour des visites de vingt-quatre heures. Ce qui leur importe, c'est de savoir quelle est la situation dans les prisons : y a-t-il une différence entre le traitement réservé ici aux *tchetniks* et celui que subissent les détenus à Omarska, Manjaca, etc. ? Les prisonniers qui se trouvent dans ces camps, ce sont les malheureux qui n'ont pas pu choisir leur nom et leur prénom à la naissance.

Alors, les émissaires nous tapent sur l'épaule et nous félicitent, satisfaits que les *tchetniks* se portent si bien dans nos prisons. Nous sommes vraiment des gens civilisés. C'est pourquoi on nous donnera davantage de macaronis et de riz, et peut-être même quelques boîtes de vitamines pour les enfants âgés de plus de quatre mois.

Il en est ainsi à Sarajevo, aujourd'hui comme hier. Demain ce sera pire. Si Sarajevo demeure après le départ de ses juifs, qui ont déjà fait leurs valises. Cette communauté était auparavant la plus grande dans cette partie du monde.

Ses sept cents derniers membres s'en vont, alors qu'ils constituaient, avec les musulmans, les Croates et les Serbes, la trame de la vie ici. Je me souviens d'une nuit à Jérusalem où l'on m'a dit que Sarajevo était, avec Jérusalem, la seule ville au monde où vivaient aussi harmonieusement les membres des trois plus grandes religions de la planète. Maintenant, les juifs doivent partir pour un lieu sûr s'ils veulent survivre. Ce qu'ils avaient de plus précieux, leur vieux cimetière, immense par sa symbolique et par la mémoire qui y était conservée, est devenu le principal bastion des *tchetniks* de Sarajevo. Retourné, labouré, bétonné. Devenu néfaste à cause des tirs de *snipers* qui terrorisent la ville.

Il y a cinquante ans, les musulmans ont sauvé la vie de ces juifs. Ceux-là souhaitaient le leur rendre, honnêtement, ils ne voulaient pas partir seuls. Mais les humanitaires internationaux ne l'autorisent pas. « Qui restera si tous s'en vont ? » disent-ils. Mis dans le contexte de notre réalité et avec un peu de sarcasme, on pourrait dire que l'on applique le principe « mourez tous, car cela n'a pas de sens que certains se sauvent quand d'autres restent ». C'est aujourd'hui seulement que je vois combien Zdravko Grebo[1] avait raison lorsque, au cours de la campagne présidentielle, il y a un an, il a lancé le slogan : « Nous mourrons ensemble. »

Les juifs reviendront un jour, j'en suis certain. Entretemps, leur départ marque le début de la réalisation du plan Karadzic. Si ceux qui habitent Sarajevo depuis cinq siècles quittent la ville, elle ne sera plus la même. Et cela fait cinq siècles que les Séfarades sont venus s'installer sur ce sol.

1. Professeur à la faculté de droit de Sarajevo, intellectuel engagé.

Aujourd'hui, il leur faut partir pour survivre. Le cercle se referme, le message d'un monstre à un autre, de Cosic à Karadzic, se réalise : « Continue ainsi, tant que ce qui était impossible ne sera pas devenu possible ».

3 octobre 1992

Les leçons des blessures et des mensonges

Il y a un mois, on voyait ici plus de Sarajevo et moins de chagrin et de tristesse. Entre-temps, la vie s'est transformée en une crispation de survie, une lutte pour le minimum vital. On cherche ce qu'on pourrait encore couper, scier et amasser dans ce qui reste des maisons pour augmenter ses chances de survie. On ne pense guère aux obus et aux *snipers*. Les tirs, cela va de soi, cela nous appartient naturellement.

Le désespoir est suscité par ce qu'apporte l'hiver, qui déjà nous guette. L'eau de pluie sale qui a rempli nos baignoires et nos casseroles nous a apporté aussi le premier souffle d'une mort blanche. Les vitres cassées, les portes enfoncées et les trous dans les murs apparaissent dès aujourd'hui comme autant de précurseurs de l'enfer blanc. Peu nombreux sont ceux qui s'en sortiront.

Depuis quatre semaines, nous n'avons plus d'électricité, plus d'eau, les conduits de gaz sont vides, les hôpitaux n'acceptent plus de blessés ni de malades. Ne peuvent bénéficier de la transfusion que ceux dont la famille trouve du sang par piston. Pour ce qui est des médicaments et des antibiotiques, le piston ne suffit pas. Je sais, cependant, que j'en ai vu beaucoup dans les différents entrepôts à l'extérieur. A ce qu'il paraît, ceux-ci ont été créés pour rassembler l'aide destinée à Sarajevo.

Sarajevo ne fait plus confiance à personne. Comment le pourrait-elle ? Depuis un mois, seuls les chanceux ont eu droit à un kilo de farine et à un demi-litre d'huile. Les nouvelles sur les « couloirs » humanitaires, sur les convois, etc. ne nous parviennent même pas car il n'y a ni électricité ni piles. Mais on sait que Bosanski Brod est tombé ; que l'on ne peut plus sortir de notre malheureux Etat par aucun chemin. On sait qu'un officier de la FORPRONU, en mission ici, a écrit dans un rapport qu'il était « déçu » du comportement d'un *tchetnik* : celui-ci l'a chassé de l'endroit où avaient lieu des travaux pour que l'eau courante soit rétablie dans la ville. Nous compatissons avec l'officier !

On ignore ici des milliers de choses qui se passent à l'extérieur. Il en est mieux ainsi. Les gens ne s'imaginent pas quelles conneries on écrit à leur sujet à l'étranger. Combien on ment sur ce qui se passe ici. Avec quelle impertinence on invente des mensonges pour semer la discorde dans le petit monde qui reste à Sarajevo. Il est vrai que nous sommes exaspérés par tout ce chagrin et ces soucis qui nous rongent, que nous avons moins de force pour sourire et pour toute forme de générosité. Mais ce peu de Sarajevo que nous avons toujours est debout et résiste. Les images se composent ici autrement qu'on ne le souhaite ailleurs.

Il suffirait d'avoir de l'électricité pendant quelques jours et de l'eau pendant deux heures pour remplir les bidons à eau potable. La ville en serait transformée.

D'ailleurs, la coupure qui suivrait serait accueillie autrement. Les gens ont tout appris en vingt jours : comment se laver les cheveux avec de l'eau froide, cuisiner, faire avec de la farine quelque chose qui ressemble à du pain et étaler sur les tranches de ce pain des substances qui n'étaient pas initialement prévues pour cela.

Sarajevo tire des leçons de ses blessures, des mensonges et des tromperies de l'étranger. Et la ville sent dans son ventre toutes les bonnes choses destinées à la Bosnie, même si elles n'y sont jamais arrivées. Telle est peut-être la seule manière d'apprendre la vie. Ceux qui sont à l'extérieur sauront de moins en moins à quoi cela ressemble.

1er octobre 1992

Anéantir ce qui est déjà détruit

Pendant une nuit de plus, longue, trop longue, Sarajevo est restée les yeux ouverts. Après toute une journée et une nuit d'obscurité, on attendait la lumière, mais elle n'est pas venue. Par une matinée froide et triste, on a appuyé sur les interrupteurs pour « éteindre » l'électricité dans les appartements, on a « éteint » les poêles froids et on s'est mis à attendre une nouvelle nuit.

Certains, chargés de bidons, font la queue pour prendre de l'eau. Il reste pratiquement une seule fontaine avec un maigre filet d'eau. D'autres iront ramasser des branches dans ce qui reste des parcs et des bois. D'autres encore se tapiront dans leurs pièces aux fenêtres « fermées » par des bâches et du carton. Ils lutteront avec leurs propres pensées. « Pourquoi, au nom de quoi, jusqu'où ? »

Ce matin, l'employé de l'électricité annonçait à la radio qu'il n'y avait toujours pas de courant et qu'il ne fallait pas en attendre aujourd'hui. Ils font ce qu'ils peuvent, mais les *tchetniks* détruisent tout ce qu'ils peuvent. Le colonel français Sartre, commandant le bataillon chargé du soutien logistique, qui fait partie de la FORPRONU, m'a dit, un peu résigné : « Tout ce qu'on répare, ils parviennent à le casser. C'est un travail de Sisyphe, mais nous n'y pouvons rien. Tant que nous le pourrons, nous assurerons des techniciens pour faire des réparations. »

Sans aucun doute, cet homme était sincèrement résigné. Malheureusement, plus personne ne parle de la résignation des Sarajeviens. Leur problème n'est pas leur état psychologique, mais la survie. Il n'y a plus de nourriture. Je connais des dizaines de personnes qui sont heureuses de trouver une tranche de pain et un demi verre de thé où tremper leur pain. Et cela, une fois tous les deux jours. J'en connais d'autres qui n'ont pas autant de chance. Les derniers kilos de farine ont été écoulés en vingt jours, depuis que le four à pain ne fonctionne plus. Les réserves et l'espoir, aussi faible soit-il, se sont envolés avec la fumée des fours improvisés dans les rues.

Malgré tout cela, Sarajevo respire, se réchauffe les pieds gelés en sautillant sur place, gémit mais vit toujours. La radio et la TV continuent à diffuser grâce aux dernières gouttes de diesel de leurs blocs électrogènes. On se tient au courant de ce qui se passe autour de nous. On entend des messages que nous envoient les repus de l'étranger, mais on sait aussi combien il y a de morts dans le reste de la Bosnie-Herzégovine et pour elle.

Il y a de moins en moins de rues ici. De moins en moins de maisons et, malheureusement, de moins en moins de gens. Ceux des collines ne sont pas fatigués, ils tirent maintenant sur ce qui a été détruit il y a longtemps. En ce moment précis, les chars tirent de nouveau sur le moignon calciné d'*Oslobodenje*. Cette beauté d'antan n'est plus qu'un amas de misère, de souvenirs et de béton.

Ils doivent posséder d'énormes réserves d'obus pour tirer ainsi. Et nous devons être bien abrutis pour ne plus chercher un lieu sûr pendant les tirs. Nos regards ne se croisent plus comme auparavant, pendant que les murs tremblent. A quoi bon se regarder ? Nous sommes ici, nous y resterons jusqu'au bout. Nous ne chantons plus comme il y a un mois ou deux. Nous rions peut-être moins et nous nous taisons davantage. Car tout est déjà dit.

A la radio aussi, moins d'emportements, moins de contre-attaques promises pour briser l'étau autour de Sarajevo, moins de joie guerrière. Peut-être n'est-ce là qu'une impression ? Il me semble pourtant qu'aujourd'hui nos gars avancent mieux qu'à l'époque où l'on chantait plus et tirait moins. L'engagement se sous-entend, les déclarations verbales ne sont plus nécessaires. Tous se demandent où ira Sarajevo une fois l'encerclement brisé. Vers quel univers ? Vers le désert de ce monde divisé et esseulé ?

Sarajevo, cette ville unique, n'a pas d'autre abri que soi-même. Tant pis si nous y sommes affamés et gelés. Qu'importe si un kilo de patates coûte déjà quinze ou vingt marks allemands, la viande deux fois plus, ainsi que le chou, puisqu'on ne trouve rien de tout cela. Il n'y a rien et nous nous débrouillons quand même. Je me demande comment ce serait s'il y avait des choses et qu'on ne savait pas les distribuer équitablement.

2 octobre 1992

La faim et les pigeons

L'électricité revient peu à peu dans certains quartiers, l'eau courante aussi. Il y a des téléphones qui fonctionnent. Mais il n'y a pas de pain et les obus tuent de nouveau les gens dans les rues. Ils tuent aussi tout espoir de voir cette horreur s'arrêter un jour.

Des casques bleus arrivent, il paraît qu'il leur faudra trois semaines pour prendre position sur certaines routes, après quoi ils avanceront selon le plan prévu. Il leur faudra pour cela trois semaines de plus, on verra jusqu'où ils arriveront. Je ne sais pas s'ils trouveront encore quelqu'un à Sarajevo, à Gradacac ou à Jajce lorsqu'ils y entreront, un jour. Je suppose qu'ils aimeraient y voir des gens.

Mais quand j'observe ce qui se passe autour de moi et lorsque j'écoute le nouveau chouchou de l'agence Srna, le porte-parole de la FORPRONU, Magnusson, j'en doute. Visiblement, cet homme a été très contrarié lorsque les soldats de l'armée bosniaque ont bloqué, par un immense conteneur rempli probablement d'explosifs, la route qui va de l'aéroport à la ville. C'est ainsi qu'ils ont « coupé l'axe par lequel la nourriture est acheminée de l'aéroport à la ville ».

Il est vrai que l'armée bosniaque l'a fait. Il est exact que les camions chargés de vivres ne pouvaient plus pénétrer en ville. Il est vrai que monsieur Magnusson s'est mis en colère quand il a vu cela et que, de par le monde, beaucoup ont été satisfaits de pouvoir enfin être en colère. Monsieur Magnusson a transformé sa colère en une première menace lancée par un représentant officiel de la FORPRONU, en déclarant que « les casques bleus ouvriront le feu ». La première menace proférée s'adresse donc aux forces légitimes de Bosnie-Herzégovine. Mais évidemment, monsieur Magnusson n'a pas dit l'essentiel.

Ce fameux conteneur a été présenté à l'étranger comme un obstacle érigé entre les bons humanitaires et les méchants soldats bosniaques. Mais il a été placé au milieu de cette route uniquement parce que de nombreux chars *tchetniks* étaient entrés dans la zone de l'aéroport, qui est sous le contrôle des soldats de Magnusson. Ces chars se préparaient à percer la ligne de défense, qu'ils attaquent depuis des jours, et à pénétrer dans la ville.

Comment se fait-il que ces chars se trouvent à l'aéroport, alors qu'il est écrit dans les documents de l'ONU que celui-ci est démilitarisé depuis des jours ? Pourquoi monsieur Magnusson n'accepte-t-il pas que les convois rentrent dans la ville par un autre chemin ? Par exemple, par Dobrinja, ce quartier que les chars *tchetniks* ne peuvent traverser en aucun cas. Pourquoi monsieur Magnusson n'a-t-il pas menacé de tirer sur des *tchetniks* ? Ce sont eux qui, depuis des jours, empêchent les ouvriers de raccorder les fils électriques et de rétablir l'approvisionnement en gaz.

Pourquoi s'émeut-il à ce point lorsque, devant les chars *tchetniks*, stationnés sur « son aéroport », on érige des barricades ? Oh, Magnusson, Magnusson…

Quoi qu'il en soit, il y a du bon dans tout cela. Sans cette histoire du conteneur, nous n'aurions jamais su que la FORPRONU avait le droit de tirer. A chaque fois que les *tchetniks* leur tiraient dessus, les chassaient de tel ou tel endroit, leur détruisaient un véhicule ou leur faisaient une autre saloperie, nous pensions : pauvres gens, que faire puisqu'ils n'ont pas le droit de tirer, ce n'est pas prévu dans leur mandat, comme on dit. Mais ce même mandat leur permet de tirer sur le barrage devant les chars *tchetniks* et contre ceux qui ont érigé cet obstacle !

C'est tout ce que j'avais à dire sur les tirs. Le reste, c'est comme tous les jours. La nuit, dans l'obscurité, on se bouscule dans les rues en essayant d'attraper de l'eau de pluie dans nos seaux. Pendant plusieurs jours ç'a été la mode des escargots. Nos maîtres cuisiniers affirmaient qu'on peut les préparer de différentes manières. Mais on ne trouve plus d'escargots. Soit il fait trop froid, soit on les a déjà tous ramassés.

Les plus habiles chassent maintenant les pigeons. Malheureusement, les enfants ne veulent pas toucher à l'oiseau dans l'assiette. Les gamins se sont même constitués en bandes qui luttent contre ceux qui attrapent des pigeons. Tout compte fait, ce sont de drôles d'enfants – mieux vaut mourir de faim que d'être vivant avec un pigeon mort devant soi. Mon Dieu, quelles sont les chances de Sarajevo avec des enfants pareils ? Ceux des collines ont résolu ce dilemme depuis longtemps. Mais pour eux, il n'est pas question de pigeons. C'est d'ailleurs en cela que réside notre différence.

3 novembre 1992

Ministres des Affaires lointaines

A Sarajevo, la politique est devenue plus importante que la vie, et c'est mal. Cela faisait longtemps qu'il n'en était plus ainsi. Comme si les musulmans, les Croates et les Serbes valaient plus que l'hiver et la survie. Comme si les ministres (qu'ils soient compétents ou incompétents) étaient plus importants que l'eau et l'électricité, les cantons et Genève plus graves que les maladies et les blessures. Toute cette politique, cette parodie de politique, ne vaut pas le rhume d'un enfant ; ce n'est rien en comparaison de notre quotidien.

Après une année-lumière d'absence, le très respectable monsieur Silajdzic, ministre des Affaires lointaines et non de celles d'ici, est arrivé à Sarajevo. Il a donné une conférence de presse qu'il a transformée en célébration de sa gloire personnelle et en attaque contre la presse. Après cela, il est reparti. Les autres ministres, dans leur grande majorité, ont fait encore moins que cela, mais ils sont également partis. On peut compter sur les doigts d'une main ceux d'entre eux qui, étant à l'étranger, continuent à travailler pour le peuple ici. Une question se pose : pourquoi continuer à s'intéresser à la politique si celle-ci a déjà fait au peuple le pire de ce qu'elle aurait pu lui faire ? Et si, dans le même temps, nos rares moments heureux nous ont été apportés par la vie quotidienne telle qu'elle est ?

La ville est un peu plus agréable qu'il y a une semaine ou deux. « L'aide humanitaire » est arrivée hier. Les queues devant les bureaux communaux sont énormes, mais les éternels chercheurs de nourriture disent que c'est « super », cela n'a jamais été aussi bien. Ce « super » se traduit par deux boîtes de pâté par personne, quelques sachets plastiques avec trois centilitres d'huile d'olive (un petit verre à cognac), cinq cents grammes de farine, deux cents grammes de fromage et, tenez vous bien, cinq cents grammes de patates. Au marché, celles-ci coûtent vingt marks le kilo, le même prix que les oignons, mais dix marks moins cher qu'un litre d'huile. Pour un ticket de rationnement, c'est-à-dire pour une famille, on reçoit également une boîte de tomates pressées. C'est pour ajouter un peu de couleur dans le riz préparé à la bosniaque.

Puisqu'on parle du marché, signalons quelques autres petites joies : le charbon est arrivé, à cinquante marks le sac. Un litre de pétrole pour les lampes : dix marks (il faut rajouter un peu de sel pour que cela dure plus longtemps). Une boîte de cigarettes : trois marks. Pour ceux qui préfèrent calculer dans notre monnaie : un paquet de chewing gum, six cents dinars ; un sachet de bonbons, mille dinars ; une bouteille de bière (versée d'un bidon), deux mille dinars. La retraite moyenne est d'environ dix mille dinars par mois.

Bien sûr, le troc marche aussi, les temps s'y prêtent : un litre d'alcool pour lampes vaut trois kilos de sucre, une boîte de conserve (quelle qu'elle soit) s'échange contre dix kilos de farine. Ou, comme quelqu'un l'a dit ces jours-ci, deux huiles de Rembrandt contre deux litres d'huile de cuisine. Ici, on sait laquelle est la vraie.

Avec les derniers Sarajeviens que vous croisez dans la rue, il est beaucoup plus agréable de discuter de ces choses-là que de la politique. Ces conversations informelles sont en fait la meilleure partie de notre vie. Ceux qui sont restés se connaissent tous d'une certaine manière. Point n'est besoin de se raconter où l'on est, ce que l'on fait, comment on va. Nous savons que nous sommes tous à la recherche du pain, que nous attrapons l'eau de pluie, que nous essayons d'isoler nos fenêtres par les moyens du bord, que nous traînons des branches d'arbres prises dans les parcs.

Notre degré d'humanité ou de « culture » se mesure au type de branches que nous prenons : celles qui sont déjà mortes ou celles qui sont encore vertes. Se contentera-t-on de se baisser pour ramasser ce qui est tombé, ce qui est cassé ou abandonné, ou prendra-t-on aussi ce qu'il faut pour casser et couper ?

Dans la rue, on parle donc d'autre chose. De magnifiques chiens de race que leurs propriétaires ont abandonnés, faute de nourriture. De ces gens et de leur morale. On parle aussi du reboisement des environs. On se demande où mettre tout ce béton, ce gravier, ce verre provenant des immeubles et des tours détruits. On s'interroge : pourquoi nous a-t-on menti à la poste, en affirmant qu'il n'y aurait plus de téléphone pendant trois ans, alors qu'aujourd'hui, ils demandent huit à dix marks pour reconnecter les anciennes lignes ?

Tout compte fait, cette vie quotidienne est plus belle que la politique. Peut-être parce que la politique s'est coupée de nous. Il faut pourtant admettre que c'étaient nous qui l'avions choisie.

5 novembre 1992

Vidéo-lettres de Paris

Ceux qui avaient du courant ont pu regarder hier une émission intéressante à la télévision. Les responsables de l'électricité disent qu'il s'agit de 60% des maisons qui existent encore et qui peuvent être reliées au réseau. Dieu sait quel pourcentage cela représente en réalité. Mais c'est probablement sans rapport avec l'émission dont je parle. Au contraire, disent certains... L'émission était consacrée à des vidéo-lettres échangées entre Paris et Sarajevo. Là-bas, dans la ville des lumières, on appelle cela « Hommage à Sarajevo ». Mais à Sarajevo, pas de nom particulier. On a simplement tourné un film et on l'a envoyé à Paris.

Bref, les intellectuels parisiens se sont réunis autour d'une table et se sont demandés comment aider la culture ici, quelle serait la manière appropriée. C'était franc et touchant. Costa Gavras a dit qu'il aimerait que la première de son nouveau film ait lieu à Sarajevo. D'autres ont proposé que notre ville ravagée devienne le siège officiel de certaines institutions culturelles européennes de renommée, pour montrer au reste du monde qu'à Sarajevo on lutte pour la plurinationalité et pour la coexistence de toutes les religions, ce qui est la condition première des « échanges culturels » et de « l'humanisation de l'homme ».

A cette occasion, tous buvaient du thé dans de belles tasses en porcelaine. Il provenait d'une théière encore plus belle, rustique. Honnêtement, il y avait là de la mesure, du sentiment, de la compréhension. Il y a trois mois que cette réunion a eu lieu, le 31 juillet dernier. Mais nous ne l'avons vue que maintenant.

Hier soir, les grands noms de la vie culturelle et intellectuelle de Sarajevo ont gentiment répondu à leurs collègues de Paris. Il n'y avait pas de thé ni de porcelaine, même pas de table ni de lumière. Ils étaient assis dans notre mairie incendiée, dans la bibliothèque calcinée où avait été conservé tout notre passé, ainsi qu'une bonne partie de notre avenir.

Sidran leur a parlé de « la mesure du mal », différente aujourd'hui d'il y a trois mois. Ljubovic a raconté l'histoire de sa chambre dont le mobilier se vend aujourd'hui aux puces de Belgrade. Ceux qui le vendent ont « visité » Ljubovic à Grbavica. Il s'est sauvé de justesse, « en baskets et sans chaussettes », il n'a pas eu le temps de se chausser. D'autres ont raconté des choses semblables : Ibrisimovic, Bibanovic, Kalcina, Kenovic...[1]

Enfin, Marko Vesovic a adressé quelques mots aux amis parisiens. Il était assis dans une camionnette cassée, devant un immeuble détruit. Sa voix était elle aussi cassée.

---

1. Les représentants de la vie culturelle et intellectuelle sarajevienne mentionnés dans ce texte sont : Avdo Sidran (poète), Ibrahim Ljubovic (peintre), Nenad Ibrisimovic (écrivain et réalisateur), Dubravko Bibanovic (metteur en scène), Ivan Kalcina (guitariste), Ademir Kenovic (réalisateur), Marko Vesovic (poète) [N.d.T.].

Il a fait observer à Costa Gavras que montrer son film à Sarajevo était une intention généreuse. Mais qu'il fallait faire venir, si possible, une salle de projection. Sinon, comment montrer le film ? Il a dit que c'était bien de se soucier de la culture ici, mais que penser était déjà difficile en soi et qu'il était encore plus difficile de penser à la culture. Et cela au moment où la fumée des lieux de culte musulmans et croates dynamités monte au ciel, alors que, dans le même temps, le monde lance des navettes spaciales. « Comment penser à la culture lorsqu'à Ahmatovici, près de Sarajevo, les *tchetniks* font exploser un bus après y avoir fait monter cinquante personnes ?... » Marko aurait aimé parler davantage, mais comment parler entouré de toutes ces choses cassées ?

Et puis, nous avons revu le film de la mairie de Sarajevo léchée par des flammes. Le feu a dévoré les pièces qui abritaient tout ce qui a été écrit dans nos régions depuis des siècles. Après, nous n'avons plus rien regardé. Il n'y avait plus de courant. La vidéo-réponse est, paraît-il, partie pour Paris.

Nous ressentions une légère gêne. Nos réponses n'étaient peut-être pas aussi courtoises et chaleureuses que leurs questions. On aurait pu le faire plus gentiment. Les chaussettes de Ljubovic n'étaient peut-être pas aussi importantes, la déclaration d'Avdo sur la « progression du mal » non plus. Mais qui sait ? C'est peut-être précisément ce qu'il fallait faire...

13 novembre 1992

Le délire et la nausée

Au premier abord, on dirait une journée normale du mois de novembre. Il y a du soleil. Depuis ce matin, « rien » que des tirs de *snipers* et de mitrailleuses antiaériennes aux carrefours exposés à la vue des pentes de Trebevic.

« Jamais je n'avais remarqué la taille de cette colline qui descend pratiquement en ville », me disait ces jours-ci un ami tandis qu'il me tirait par la main pour que je me dépêche de traverser une rue d'où l'on voit Trebevic. Nous sommes de plus en plus nombreux à manquer de volonté pour traverser ces rues en courant. La course commence à nous dégoûter, ainsi que le jeu de cache-cache. Nous sommes fatigués de nous baisser et de nous abriter sans arrêt. Hier, un garçon a été tué dans sa chambre, à table. Sans aucune précipitation.

Trebevic, quant à elle, n'arrête pas de grandir au fur et à mesure que les feuilles tombent et que l'on abat les arbres. On ne peut plus échapper à cette colline, on ne peut pas la repousser, on ne peut même pas lui tourner le dos. Combien nous l'avons aimée, chouchoutée et protégée ! Contre nous mêmes, aussi. Il s'avère qu'ils avaient raison, « eux », dans une de leurs intentions monstrueuses : involontairement, silencieusement, nous nous sommes divisés. Nous et Trebevic ; nous et Pale ; nous et Romanija, Banja Luka, Jahorina...

Le soir, nous regardons une publicité invraisemblable qu'ils ont réalisée pour TV Srna. Ils ont pris les photos les plus alléchantes du monde : des enfants heureux, le visage barbouillé de chocolat, des assiettes pleines de homard (comme s'ils avaient été élevés au homard), des plages et des mers inoubliables. Ensuite, ils nous ont dit à peu près ceci : « Si, à la place de la guerre, de la souffrance, des pénuries et de la misère, vous voulez de nouveau avoir *cela, divisons-nous* ! » Difficile d'imaginer tant de xénophobie, un tel besoin d'être seul (avec du homard dans l'assiette, bien sûr), une telle inaptitude à s'adapter à tout autre mode de vie. Et pourtant, ils y parviennent. Toute folie semble prendre ici. Seules les choses normales, humaines, intelligentes et rationnelles ne passent pas.

Ils nous ont entraînés avec eux : nous haïssons Trebevic et Pale, la nostalgie de Jahorina s'est transformée en résignation, toute évocation d'un voyage « vers l'Est » suscite la nausée. Sans aucun doute, ils en sont heureux. Je ne le suis pas. Jamais nous n'avons souhaité plus pour nous que pour eux. Mais cela ne leur a pas suffi.

L'homme qui a le plus attaqué les journalistes, mais que nous respections le plus, est définitivement parti. Il s'agit de Stjepan Kljujic, citoyen sarajevien croate. Il a eu son poste par la volonté du peuple, il a été élu aux élections. Il est parti par la volonté des représentants du peuple, sans élections. Mon collègue et ami Gojko Boric a écrit à cette occasion dans *Oslobodenje* : « Si la procédure démocratique se trouve remplacée par les décrets des partis politiques, on peut se demander quelle est la nature du pouvoir à qui le peuple a donné sa confiance, il y a de cela deux ans, après avoir entendu ses promesses démocratiques. Ce n'est plus d'admettre que la Bosnie-Herzégovine ne sera pas démocratique pendant de longues années qui pose problème, mais d'admettre qu'elle sera antidémocratique. Tel est le contexte politique, juridique et éthique dans lequel il faut situer "le cas Kljujic". Le remaniement attendu s'est produit dans l'obscurité de l'anarchie et de la divison nationale sanglante. Quand la lumière reviendra, nous verrons quel était son vrai sens et son objectif. »

Avec la permission de Gojko, j'ajouterai seulement : « Si la lumière revient. »

Puisque la politique et les grands discours n'apportent rien de bien, il nous reste à retourner à notre quotidien, quel qu'il soit. Et, dans celui-ci, une nouvelle : il n'y a plus de jardin zoologique dans la vallée des Pionniers. Le dernier ours gris est mort, dans le silence, dit-on. Longtemps après les lions, les tigres, les loups et les renards, moins résistants que lui. On raconte aussi que seuls quelques poneys errent encore dans le désert où les gardiens ne peuvent aller à cause des *tchetniks*. Ce sont les derniers rescapés, tous les autres ont déjà été attrapés et tués. Il paraît aussi que quelqu'un a vu un paon et un cygne blanc, seuls, en liberté. Quelle triste liberté !

19 novembre 1992

Des chants à Dobrinja

Dès le début de la guerre à Sarajevo, nombreux sont ceux qui citaient l'exemple de Dobrinja pour évoquer le pire de ce qu'une guerre peut apporter : la faim, la mort, l'isolement total, l'abandon et l'injustice, les chars sous les fenêtres, les déportations, une poignée de riz pour dix jours, trois fusils pour défendre mille personnes, la peur permanente de ce que peut apporter l'heure qui vient… Les gens qui racontaient cela pour Dobrinja avaient raison. Tout comme il était juste de dire qu'il s'agissait avant tout de l'homme et non de la guerre. Que l'important était la volonté, la constance, la force intérieure insoupçonnée en temps normal, tout ce que peuvent produire le dépit, la persévérance, la solidarité et le savoir.

A Sarajevo, on reparle de Dobrinja avec admiration, à juste titre. Il se produit là-bas un miracle que seul l'homme, au sens noble du terme, peut réaliser. De ce quartier, presque encerclé et entouré de zones sanglantes où règnent les *snipers* et les mitrailleuses lourdes, on entend, de plus en plus souvent, des chants. Les habitants de Dobrinja sont de plus en plus nombreux à refuser de s'en aller « en ville » et, d'ici, on souhaite retourner à Dobrinja. Visiblement, ce n'est pas la guerre qui a pris le dessus là-bas, mais l'homme. Quelle que soit l'issue finale de cette guerre, Sarajevo a remporté dans Dobrinja sa plus grande bataille. Ou bien, disons plutôt que Dobrinja justifie ce désir secret que Sarajevo, même détruite, ne soit jamais vaincue.

Les habitants de Dobrinja ont passé des jours entiers à se cacher devant les bourreaux venus à deux pas de chez eux. De ces traumatismes est née une résistance passive, transformée en un mouvement, une organisation. Aujourd'hui, Dobrinja est une commune sans pareille dans nos contrées. Ce quartier a une vie que lui envient tous les gens « normaux » dans le reste de la ville, même s'ils ne le reconnaissent pas ouvertement. A Dobrinja, on sait qui est qui. On sait combien il y a d'habitants, dans quel état sont leurs appartements, qui peut partager le sien et qui ne le peut pas, qui est apte à porter une arme, qui peut laver et nettoyer, cuisiner ou faire du théâtre. Dobrinja connaît aujourd'hui tous ses vieux devenus impotents, tous ses enfants restés sans parents. Cette petite ville s'efforce de compenser le mieux qu'elle peut leur perte irréversible.

Les casques bleus, stationnés à l'aéroport près de Dobrinja, viennent volontiers dans ce quartier ; ils ne regagnent pas leurs casernes sitôt achevée la distribution de l'aide humanitaire, ils s'attardent dans des appartements, dans des clubs improvisés devenus des lieux de rencontre et de discussions. Il y a quelques jours, ils ont chanté à leurs hôtes une chanson en français, dédiée à ce quartier héroïque, ce quartier vainqueur, quoi qu'il advienne demain ou après-demain.

Avec dignité, les habitants de Dobrinja ont montré sur quoi reposait l'avenir de Sarajevo : ce ne sont ni l'aumône, ni les supplications, ni la culpabilisation de l'autre. Tout ce que peut contenir l'avenir est déjà en nous, dans nos relations d'aujourd'hui. Dans la force de persévérer, dans la volonté de survivre, dans la capacité de partager sa peine et son sourire avec autrui. Dans la certitude que le mensonge et la trahison ne seront pas admis.

On peut dénoncer la démagogie des « ventres égaux », le « caractère néfaste des théories de justice sociale », mais celles-ci ont trouvé leur confirmation à Dobrinja. Car c'est cela qui a permis à ces gens d'endurer les pires moments. Les chemins de Dobrinja passent aujourd'hui par des caves, des chambres, des garages et des toits. On y enterre les morts dans les rues et dans les jardins. Mais, il y a six mois, les commandants mangeaient le même riz insipide que les autres habitants du quartier, alors qu'ils avaient probablement la possibilité de faire autrement. S'ils l'avaient fait, tout serait différent aujourd'hui. Pire, évidemment, comme dans le reste de la ville et, notamment, dans les quartiers où l'on proclamait de nouveaux héros avant même que les premières balles n'aient été tirées. Cette histoire est bien connue de nous tous. Heureusement qu'elle n'a pas été appliquée à Dobrinja. Notre lueur d'espoir.

23 novembre 1992

Les arbres non plus ne sont pas épargnés

La journée est exceptionnellement calme. Six morts et dix blessés, pas plus. De la fenêtre de mon bureau, parsemé d'impacts de balles, j'ai vu des hommes abattre l'un des cinq grands arbres alignés devant notre immeuble. Je me rappelle le temps où leur feuillage cachait la vue sur les collines au nord de Sarajevo. J'espérais que ces cinq géants seraient épargnés, bien qu'ici on n'épargne plus rien ni personne. Depuis des jours, l'étau s'est resserré progressivement autour d'eux, ce qui nous rend encore plus seuls dans notre immeuble ravagé. Je ressens leur fin comme une tragédie, presque plus douloureuse que la mort d'un être humain touché par un obus. Peut-être parce que la vie ne vaut plus rien ici, alors que ces arbres étaient porteurs d'un certain espoir. Difficile de le décrire précisément, mais ils étaient la preuve d'une certaine « normalité ». « Normal », alors qu'on tue des gens pour rien ? Je ne sais l'expliquer.

Ce qui fait mal, aussi, c'est que cet arbre géant n'a pas été abattu par des gens qui souffrent du froid. Ceux qui l'ont fait le découperont en bois de chauffage qu'ils vendront cher à ceux qui ont froid.

Tout est devenu comme cela. Le mensonge s'est glissé entre nous. Les trahisons nous minent et les calculateurs nous empoisonnent. Les premières neiges révèlent les traces des animaux : on peut faire d'excellentes affaires avec la souffrance d'autrui. Mais le pire, c'est quand ce profit tiré du malheur est présenté comme « bénéfique » à l'autre, à celui qui est vaincu depuis longtemps.

Il y a des gens qui commencent à renier leur nom et leur origine en croyant, les pauvres, qu'ils échapperont ainsi à la misère et à la malchance. Je n'imaginais pas combien il y avait de juifs et de Slovènes dans cette ville. Je l'ai appris lorsque leurs convois ont commencé à quitter Sarajevo. Nombreux sont ceux qui ont subitement découvert que leurs ancêtres avaient du sang juif ou slovène. Plus la date du départ du convoi était proche, plus ils devenaient nombreux. C'est la vie. Il nous reste si peu de force que nous n'arrivons plus à critiquer malicieusement ces conversions. La question est plutôt : comment ferions-nous si nous étions concernés ?

En effet, que ferions-nous ? Je suis heureux d'avoir autour de moi principalement des gens qui n'ont aucun doute à ce sujet. Ces derniers jours, ils étaient tout aussi décidés à rester ce qu'ils sont et là où ils sont que jadis. Tous semblent partager la même idée : cela passera et quelques miroirs resteront dans la ville pour témoigner. Et après ? Dans quel car monterons-nous ? Avec quel passeport collectif ? Quel nom portera-t-il ?

Les larmes aux yeux, des gens comme ceux-ci se lèvent et applaudissent frénétiquement les protagonistes de notre version de *Hair* au *Kamerni Teatar* (théâtre de chambre).

Ce spectacle est une petite joie dans l'obscurité vaincue temporairement par la lumière des blocs électrogènes. C'est aussi l'espoir que bientôt il y aura beaucoup de telles joies.

Dehors, il fait froid aux pieds, froid au cœur. Deux cent trente-trois grammes de pain par jour, huit cents grammes de farine pour vingt-cinq jours et un sachet de fetta pour la même durée. Plus de pétrole, les lampes résistent faiblement à la nuit dans laquelle les *tchetniks* ivres veulent nous plonger. La vue s'élargit vers les pentes qui étaient auparavant cachées par la végétation. Le mark allemand a perdu la lutte contre lui-même, ou bien contre les patates et les oignons. Seuls les optimistes incurables pensent encore qu'ils seront enterrés à proximité des caveaux de famille.

Loin d'ici, à l'étranger, les gens sortent les décorations pour les fêtes de Noël. Ici, on sort les souvenirs de la vie, ceux qui en ont. Et l'on regrette les géants coupés très près du sol. Mais plus habiles sont ceux qui élargissent nos horizons, creusant fort bien le sol lui-même, un peu ou beaucoup sous la surface. On ne demande même plus si c'est d'une ou deux coudées de profondeur. D'ailleurs, tout est ici déjà beaucoup plus profond que nécessaire. C'est pourquoi il faut au moins préserver son nom et celui de ses ancêtres. Nos enfants en auront besoin.

2 décembre 1992

Au bord de la folie

Quoi de neuf, ce matin ? ni électricité, ni eau, ni téléphone. Hier soir ? pas de sommeil. Juste ce bleu invraisemblable en ce moment de l'année, et un froid de plus en plus terrible, auquel on ne peut plus échapper. En fait, comment échapper à tout ce qui nous enchaîne ici ? Le pire, c'est de devoir rester avec soi-même. On ne peut s'arracher à la tristesse qui nous étrangle, qui immobilise notre pensée, nos jambes, notre regard.

Nous ne pensons plus à la guerre que nous avons connue au début : aux obus, au sang, à la mort. Nous y sommes habitués comme à quelque chose qui, simplement, est toujours avec nous et nous appartient.

Qu'on le reconnaisse ou non, on pense de plus en plus souvent à cette seule chose : peut-on endurer tout cela et garder la raison ? Qui le supportera, et qui deviendra fou ? Il y a peu, on remarquait, en plaisantant à moitiĕ, qu'un tel « déraillait » : on écoute quelqu'un, et puis, on s'aperçoit qu'il ne dit que des conneries, qu'il ne se préoccupe que de conneries et qu'il se prépare à faire des conneries. Aujourd'hui, nous ne parlons plus de ces gens-là, et je sais pourquoi : car il nous arrive, de plus en plus souvent, de faire nous-mêmes des choses qui, auparavant, nous auraient fait rire ou nous auraient étonnés. De quel côté de la raison sommes-nous ? Et pouvons-nous savoir, aujourd'hui, quel côté est le bon ? Que peut signifier, pour nous ici, « le bon côté de la raison », puisqu'ils sont tous les deux, ainsi que tous les autres, également possibles et quotidiens ?

Hier, pendant qu'il y avait du courant, j'ai regardé à la télé le journal de Novi Sad. Qu'ai-je vu ? Une créature : le bonnet serbe sur la tête avec de grands aigles blancs qui brillent, le fusil, les cartouches, les couteaux et, évidemment, la barbe. Impassible, la créature dit que c'est « une guerre horriblement et incroyablement sanguinaire et immonde, un véritable génocide que personne de normal ne peut comprendre ». Plus tard, ceux de Srna, à Pale, diffusent un film sur Sarajevo, de la plus belle époque, avec une chanson sur l'amour, sur la ville et sur les beautés que nous – qui sommes aujourd'hui ici – « avons détruits ». N'importe quel cauchemar serait plus agréable.

Avant-hier, le prix Nobel Elie Wiesel est parvenu jusqu'ici, il a fait un tour de la ville en une demi-heure et s'est rendu chez Mladic, à Lukavica, sous leur toit, où il a passé les neuf dixièmes de son séjour à Sarajevo. Il nous a gentiment réprimandés de faire des choses « comparables à celles faites par ceux de là-bas ».

En effet, de quel côté de la raison sommes-nous ? Tiendrons-nous ? L'été dernier, il faisait beau, on pouvait se cacher dans un coin de verdure, rassembler ses esprits dans la solitude. Mais aujourd'hui, cela n'est plus possible.

Journal de guerre

Nous marchons les uns sur les autres, dans des chambres obscures que chauffe un poêle, lorsque poêle il y a. Nous exhalons par-dessus la tête d'autrui, nous écoutons les stupidités que nous ne serions pas obligés d'écouter si nous pouvions nous sauver quelque part. Sur quelques mètres carrés, nous avons entassé nos différentes névroses, nos espoirs vains, notre crispation de survie. Et c'est cela, notre vie, tous les jours, sans espoir de s'enfouir quelque part.

Pas de départ possible, si ce n'est vers le froid ou sous les balles. Qui sait, c'est peut-être le seul côté de la raison où il y a une chance de survie : il est blanc, froid et infiniment silencieux. Tant que la balle ne siffle pas. Et quand tu l'entends siffler, c'est qu'elle est loin : celle-ci n'est pas dangereuse. Celle qui tue, on ne l'entend pas. C'est peut-être une grâce que nous avons méritée dans tout cela, qui sait ?

5 décembre 1992

Le prix et le châtiment

Qu'il me soit pardonné, après tout ce temps et cette multitude d'*Histoires de guerre de Sarajevo,* d'enfreindre la déontologie professionnelle, de paraître prétentieux et peut-être, politiquement, de manquer de tact : je vais vous raconter une petite histoire sur nous tous qui sommes plongés dans ce délire. On pourrait penser qu'il s'agit de « mon cas » personnel, mais, en fait, il ne s'agit pas là d'« un cas », et pas seulement « personnel ».

Bref, les Reporters sans frontières m'annoncent de Paris que je suis le lauréat de leur prix annuel qui, selon leurs propres termes, « est décerné pour la défense de la dignité et de la liberté de la presse », en ces temps où l'information subit une très forte pression de la propagande et de la politique. En plus de cette belle nouvelle, on m'invite à Paris, jeudi prochain, pour recevoir ce prix lors de la cérémonie prévue pour cette occasion. Ils se chargent des billets et de tout le reste. Mais c'est précisément là que commence cet épisode des *Histoires de guerre*, en apparence lié à moi seul.

En fait, malgré les efforts incroyables des Reporters, des amis, connus et inconnus, des personnalités officielles et officieuses, des ambassadeurs, ministres, conseillers et journalistes, je ne serai pas – semble-t-il – à Paris ce jour-là, et je n'y serai peut-être jamais. Quelqu'un ne veut pas me le permettre. Dans cette histoire, les bons côtés resteront les documents, cette aimable invitation, tandis que la vérité sur ce que nous sommes, sur comment ils nous traitent et sur ce qu'ils nous font aura sa place là où elle doit être – à Sarajevo devenue un camp, une Sarajevo-prison, une Sarajevo-honte des repus, des gâtés et des gros, une Sarajevo incarnant la peine d'où nous sortirons bien un jour, plus forts, plus dignes et plus honnêtes que ceux qui, à notre sujet, n'oseront plus se regarder dans un miroir.

Simplement, je ne peux sortir de Sarajevo qu'au prix de la trahison et de l'ultime humiliation. Et ceux qui ne peuvent pas sortir, ce sont précisément ceux qui ont quelque chose à dire à ce monde devenu fou de soi-même : écrivains, journalistes, intellectuels, comédiens... Ceux qui ne ressemblent pas aux Kurdes dont les images ont submergé les journaux et les petits écrans ; ceux qui peuvent peut-être évoquer une vérité selon laquelle nous ne sommes pas une bande de sauvages ne méritant que la souffrance, le pourrissement et la mort, mais nous étions, hier encore, semblables à l'Europe. C'est peut-être pour cela que l'Europe, elle aussi, est étouffée aujourd'hui par des minables et des assassins. Visiblement, ceux qui ne peuvent pas sortir de Sarajevo, ce sont les témoins principaux d'un des événements les plus honteux que le monde ait jamais vus. Ces témoins pourraient déranger, alors que le moment ne se prête pas à l'examen de conscience.

Au nom de la défense de la dignité et de la liberté de la presse, comme l'ont dit les Reporters, je devais écrire cette histoire. Tant pis pour le prix lui-même, le moment ne s'y prête pas. Hors Sarajevo, il sera peut-être mérité un jour par ceux qui auront réussi à maîtriser en eux le monstre de la dégénérescence culturelle qui les a rendus à ce point insensibles aux souffrances des innocents et des personnes dignes. C'est pourquoi nous ne devrions pas sortir de Sarajevo. Notre place est ici. Que feraient-ils de notre liberté ? Il fallait que je le dise encore une fois.

Repères chronologiques

1989 Novembre

Chute du mur de Berlin

1990 Avril-Décembre

Premières élections pluripartites dans les Républiques yougoslaves, les communistes sont battus en Slovénie et en Croatie

Septembre

Référendum sur l'autonomie des Serbes de Croatie

1991 Mars

Première manifestation de l'opposition serbe à Belgrade étouffée par la force

Juin

La Slovénie et la Croatie proclament leur indépendance

L'Armée fédérale intervient en Slovénie

Juillet

La médiation européenne commence : moratoire de trois mois sur l'indépendance slovène et croate, retrait de l'Armée fédérale de Slovénie

Août

Attaques massives de l'Armée fédérale et des paramilitaires serbes en Croatie

Septembre

Ouverture de la Conférence de paix de La Haye

Référendum sur l'indépendance de la Macédoine

Proclamation de Régions autonomes serbes en Bosnie-Herzégovine

Résolution 713 du Conseil de sécurité des Nations unies décidant un embargo sur les armes à destination de la Yougoslavie

Octobre

Siège de Dubrovnik (Croatie)

Novembre

Chute de Vukovar (Croatie)

Décembre

Reconnaissance de la Slovénie et de la Croatie par l'Allemagne

Journal de guerre

1992 Janvier

Rapport de la commission d'arbitrage de la Commission européenne :
Reconnaissance de la Slovénie et de la Croatie par la Communauté européenne

Février

Référendum sur l'indépendance de la Bosnie-Herzégovine

Mars

Conférence de Bruxelles sur l'avenir de la Bosnie-Herzégovine

Avril

Reconnaissance de la Bosnie-Herzégovine par la Communauté européenne

Proclamation d'une République serbe autonome de Bosnie-Herzégovine

Les habitants de Sarajevo manifestent contre la guerre

Premières attaques de l'armée et des paramilitaires serbes contre les villes bosniaques

Mai

Le gouvernement de Bosnie-Herzégovine demande une intervention militaire étrangère

La Slovénie, la Croatie et la Bosnie-Herzégovine sont admises aux Nations unies

Embargo commercial, pétrolier et aérien contre la Serbie et le Monténégro, voté par le Conseil de sécurité

Juin

Un millier de casques bleus prennent position à l'aéroport de Sarajevo pour assurer le fonctionnement du pont aérien

La présidence collégiale de Bosnie-Herzégovine proclame l'état de guerre et la mobilisation générale

Août

Révélation de l'existence des camps en Bosnie-Herzégovine (les détenus sont principalement des Musulmans et des Croates)

Résolutions 770 et 771 du Conseil de sécurité autorisant l'usage de la force pour protéger les convois humanitaires en Bosnie-Herzégovine

Ouverture de la Conférence de Londres

Septembre

Le déplacement massif des Musulmans à des fins de "purification ethnique" se poursuit

Octobre

Résolution 781 du Conseil de sécurité interdisant l'espace aérien bosniaque à tout avion militaire hormis ceux de l'ONU et des pays participant au pont aérien

Décembre

Médecins Sans Frontières dénonce l'existence de nouveaux camps de détention tenus par les Serbes en Bosnie et demande à l'ONU et à la Croix-Rouge d'enquêter

Victoire de Slobodan Milosevic aux élections présidentielles en Serbie, échec de l'opposition

1993 Janvier

Les combats continuent en Bosnie-Herzégovine

Assassinat de Hakija Turajlic, vice-Premier ministre de Bosnie par les forces serbes dans un blindé des casques bleus.

Sarajevo est toujours assiégée

TRADUIT AVEC LE CONCOURS
DU CENTRE NATIONAL DES LETTRES

Impressions DUMAS – 42100 Saint-Étienne
Dépôt légal : janvier 1993
N° d'imprimeur : 31276